Auxiliando a humanidade a encontrar a Verdade

# UM JESUS QUE NUNCA EXISTIU
A visão real do Mestre Nazareno

© 2013 Conhecimento Editorial Ltda

UM JESUS QUE NUNCA EXISTIU
A visão real do Mestre Nazareno

Todos os direitos desta edição
reservados à
CONHECIMENTO EDITORIAL LTDA.
Fone: 19 3451-5440
www.edconhecimento.com.br
conhecimento@edconhecimento.com.br

Nos termos da lei que resguarda os direitos autorais, é proibida a reprodução total ou parcial, de qualquer forma ou por qualquer meio — eletrônico ou mecânico, inclusive por processos xerográficos, de fotocópia e de gravação — sem permissão, por escrito do editor.

**Edição de Texto:**
Margareth Rose Fonseca Carvalho
**Projeto Gráfico:**
Sérgio Carvalho
**Ilustração da capa:**
Banco de imagens

ISBN 978-85-7618-300-6
• Impresso no Brasil • Presita en Brazilo

Produzido no departamento gráfico da
CONHECIMENTO EDITORIAL LTDA
Rua Prof. Paulo Chaves, 276 – Cep 13485-150
Fone: 19 3451-5440 – Limeira – SP
conhecimento@edconhecimento.com.br

Dados Internacionais de Catalogação na Publicação (CIP)
(Câmara Brasileira do Livro, SP, Brasil)

Ramatís (espírito)
Um Jesus que nunca existiu – A visão real do Mestre Nazareno ; psicografado por Hercílio Maes ; organizado por Mariléa de Castro — 1ª ed. — Limeira, SP : Editora do Conhecimento, 2013.

ISBN 978-85-7618-300-6

1. Evangelho 2. Vida de Jesus 3. Espiritismo 4. Psicografia I. Castro, Mariléa de II. Título.

13-  CDD – 133

Índice para catálogo sistemático:
1. Evangelho : Vida de Jesus 133

Ramatís

# UM JESUS QUE NUNCA EXISTIU

A visão real do Mestre Nazareno
Temas compilados da obra *O Sublime Peregrino*,
de Ramatís, psicografada por Hercílio Maes

Organizado por
Mariléa de Castro

1ª edição – 2013

Presentemente é manifesto que grandes foram os desvios sofridos pelas cópias,[1] quer pelo descuido de certos escribas, quer pela audácia perversa de diversos corretores, quer pelas adições ou supressões arbitrárias.

Orígenes, século II d.C.

---

1 Dos Evangelhos.

## Sumário

Preâmbulo de Ramatís ...................................................... 9
Os quatro evangelhos foram adulterados ...................... 11
O sublime desconhecido ................................................ 13
A evolução de Jesus ....................................................... 24
Jesus teria "evoluído em linha reta" ............................... 26
O grande sacrifício de Jesus não foi a crucificação ........ 29
Jesus não é o Cristo ....................................................... 32
Jesus não nasceu na manjedoura ................................... 36
A estrela de Belém não era uma estrela ......................... 38
Jesus poderia ter se casado ............................................ 40
Jesus não ia a festas, era sério e não se divertia com
trivialidades ................................................................... 43
Jesus não jejuou por quarenta dias no deserto .............. 45
Jesus poderia ter continuado a viver, caso não tivesse
desencarnado realmente na cruz ................................... 46
Jesus e Maria de Magdala .............................................. 48
Jesus nunca discursou ................................................... 52
O subversivo que irritava ............................................... 54
Muitos "milagres" atribuídos a Jesus nunca aconteceram ... 56
O milagre das Bodas da Caná ........................................ 57
Nunca houve "ressurreição" de Lázaro .......................... 58
A moeda na boca do peixe ............................................. 61
A legião de obsessores não se incorporou na vara
de porcos ........................................................................ 62
Caminhar sobre as águas – não teria propósito ............. 64
A expulsão dos vendilhões do templo ........................... 66

A entrada em Jerusalém: não houve qualquer jumento .. 70
Pedro não recusou o lava-pés do Mestre ....................... 72
Jesus nunca acusou Judas na Última Ceia ..................... 73
"Pai, afasta de mim esse cálice", nunca foi dito
por Jesus .................................................................... 76
O "beijo de Judas" nunca aconteceu ............................. 79
Não foram os soldados romanos que escarneceram
de Jesus ..................................................................... 82
A coroa de espinhos .................................................... 86
As únicas palavras ditas por Jesus no alto da cruz ......... 87
O mito do "bom ladrão" ............................................... 89
O pedido a João para que cuidasse de Maria, Sua mãe .. 91
Jesus bradando na cruz em alta vozes .......................... 93
"Meu Deus, meu Deus, por que me desamparaste?" ....... 97

## Do preâmbulo de Ramatís em
*O Sublime Peregrino*

Meus irmãos:

Esta obra prende-se a algumas lembranças do contato que tivemos com Jesus de Nazaré, na Palestina, e de indagações que fizemos a alguns dos seus próprios discípulos naquela época, e a outros, aqui no Espaço. Alguns quadros ou configurações de sua infância, adolescência e maturidade, pudemos revivê-los recorrendo aos arquivos ou "registros etéricos", fruto das vibrações das ondas de luz, ao éter ou "akasha" dos orientais, que fotografa desde o vibrar de um átomo até a composição de uma galáxia.[1]

Em vez de tecermos uma biografia romanceada, em que a nossa imaginação ou do médium suprisse os elos faltantes ou obscuros, esforçamo-nos para deixar-vos uma ideia mais nítida e certa da realidade do espírito angélico de Jesus, que jamais discrepou da vida física, pois viveu sem exorbitar dos costumes e das ne-

---

[1] "Conforme não mais ignoram os estudiosos e pensadores do espiritismo, as poderosas sensibilidades etéricas, as ondas luminosas disseminadas pelo Universo, o fluido universal, enfim, sede da Criação, veículo da Vida, possui a prodigiosa capacidade de fotografar e arquivar em suas indescritíveis essências os acontecimentos desenrolados sob a luz do Sol, na Terra, ou pela vastidão do infinito" – ***Dramas da Obsessão***, de Yvonne A. Pereira, p. 56, ed. FEB.

cessidades humanas. Atendendo à sugestão dos nossos Maiorais da Espiritualidade, procuramos esclarecer os leitores sobre diversos conhecimentos da vida oculta e prepará-los para as revelações futuras, com referência à contextura do seu espírito imortal.

Há séculos que os homens desperdiçam seu precioso tempo na indagação de minúcias dos acontecimentos ocorridos em torno do Mestre Jesus. No entanto, descuram-se de considerar e praticar os seus admiráveis ensinamentos de redenção moral e espiritual.

Paz e amor.
Ramatís

## Os quatro evangelhos foram adulterados

Entre o que os evangelistas ouviram, disseram ou escreveram, e os relatos que chegaram ao vosso século, há contradições, por vezes flagrantes e absurdas, em razão da intervenção indébita que os quatro evangelhos sofreram posteriormente, para atender a certos interesses religiosos.

As autoridades religiosas, quando da formação da nova Igreja, ajustaram narrativas particulares à biografia de Jesus, interpondo nos evangelhos originais certos mitos já consagrados por outras crenças.

Existiam mais de quarenta evangelhos, todos diferentes entre si. Estes foram selecionados pela Igreja, ficando reduzidos a quatro, os quais, já eivados de erros, continuaram sendo traduzidos das cópias primitivas, e ainda lhes fizeram outras interpolações, acréscimos e ajustes, no sentido de garantir interesses religiosos em jogo. Introduziram relatos apócrifos, alterando alguns fatos da vida do Mestre. Além disso, as traduções do original grego para o latim e outros idiomas têm, igualmente, sofrido alterações, algumas até ingênuas e ridículas, outras propositais e capciosas.

No entanto, aproxima-se a época em que os relatos evangélicos serão escoimados de suas incongruências e interpolações interesseiras, surgindo a limpidez da movimentação e do pensamento exato de Jesus. A colcha de retalhos, mitológica e ilusória, tecida por interesses religiosos para encobrir a verdade, será removida, surgindo o Jesus angélico, mas despido de lendas, mitos e de crendices dogmáticas do passado.
*O Sublime Peregrino* – cap. 24

Quanto aos homens que adjudicaram a si o direito exclusivo e a responsabilidade tremenda de divulgar a vida e a obra de Jesus de Nazaré, já é tempo de virem corajosamente a público extirpar os evangelhos dos equívocos, extremismos, absurdos, melodramas, interpolações e imitações que comprometem, desfiguram e lançam a desconfiança sobre o Mestre Jesus – o Mentor Espiritual da Terra.
*O Sublime Peregrino* – cap. 28

## Introdução
## O sublime desconhecido

> Toda vez que se atribui violência, irascibilidade ou desforra ao excelso e bondoso espírito do Sublime Jesus, embora isso conste nos evangelhos autorizados, não deve ser aceito.
> RAMATÍS

Sempre me causaram estranheza – e possivelmente a muitos – certos episódios bíblicos atribuídos a Jesus, que desmentiam formalmente a natureza do Mestre e colidiam de forma explícita com sua doutrina.

O mais incongruente deles – e mais chocante – a cena do Divino Nazareno chicoteando seres humanos, ao modelo de feitor insano da escravatura. Nada pode convencer um cérebro mediano de que isso combinaria com o perfil de um redentor da humanidade, muito menos com o "tudo que quereis que os homens vos façam, fazei-lhes vós também", e o "dar a outra face". Não venham com argumentos de "saneamento do templo". O templo do Absoluto é o Universo, e templos de pedra são conveniência dos homens – e nenhum deles vale a crueldade contra qualquer ser humano. Inaceitável!

Outro descompasso entre o Jesus da letra bíblica e

o simples bom-senso: essa história mal contada de "Pai, afasta de mim esse cálice". Como assim?!? Então Ele, o Dirigente Planetário, a custa de ingente sacrifício desce a um corpo físico, sabendo perfeitamente o que se propunha fazer – decidido, aliás, só por Ele, na plenitude do arbítrio de um espírito responsável por uma humanidade – e na hora agá, diante do sofrimento físico (que não se comparava ao do seu aprisionamento na matéria) e do iminente retorno a seu estado refulgente de anjo liberto das formas, ia covardemente pedir moratória, e adiamento do projeto do Calvário? Ele que dissera: "Se foi para isso que vim, que quero eu senão que aconteça"?? Nem Joana d'Arc, nem João Huss, nem Sócrates vacilaram diante do martírio. Que péssimo exemplo, se não fosse um completo e inaceitável absurdo!

Mas as pessoas – religiosos, cristãos – há séculos engolem quietos esses flagrantes desmentidos à bondade e magnitude do Rabi. Por quê?

Por um motivo provável: nós o dimensionamos por nossa pequenez. Projetamos n'Ele o que, na periferia ou no recesso de nossas consciências viciadas em pequenez, admitimos. *Nós* seríamos capazes, eventualmente, de chicotear pessoas. *Nós* costumamos pedir arreglo na hora do sofrimento ou da renúncia. (Não está aí o humano pedido de Santo Agostinho, "Senhor, faze-me casto e puro – mas não já"?). Então, nesses supostos acessos de violência e covardia, fazemos o Mestre identificar-se conosco. "Tão humano, parecido conosco...". Absurdo! Nem de um espírito ainda distante d'Ele em consciência, como Gandhi ou Madre Teresa, admitiríamos esse chicote ou essa covardia moral. Por que no Redentor dos homens?

Há mais.

Tornou-se moda, faz algum tempo, a invenção de "revelações" midiáticas a respeito de dois aspectos da vida do Mestre, que merecem urgente análise e denúncia.

O primeiro, o logro inicialmente apresentado como "ficção" em livro e filme, e depois acolhido por alguns supostos esotéricos e ditos espiritualistas, de que Jesus teria tido filhos depois de casar-se secretamente com Maria de Magdala.

Ah! Nós não suportamos o diferente, sobretudo o muito diferente, tão distante na lonjura evolutiva que mal lhe percebemos o vulto no infinito; muito menos podemos conceber o que lhe vive na alma, como espírito já sintonizado com a perfeição cósmica. Não diversa, aliás, de milhões (bilhões? zilhões?) de outros seres da mesma graduação, pelo universo afora. Sua ventura íntima do amor pleno a todos os viventes é inconcebível para nossa humana escravização ao sensório físico. Então, toca a criar invencionices.

Esta, particularmente, tem todo o jeito de ser uma sutil – ou não tanto – urdidura de nossos amigos das Sombras. Impossibilitados de anular a mensagem do seu evangelho, era preciso diminuí-lo de alguma forma – indireta, atraente e "verossímil"aos pouco raciocinantes.

Não que Jesus não pudesse, se este fosse o plano, casar-se e deixar descendentes. Só o escasso entendimento do projeto divino da Criação tem levado os humanos ocidentais a menosprezar a energia criadora, o sexo, e confundir seus descaminhos e abusos com a essência divina da união dos polos opostos, que é motor da evolução e sagrado processo de criação de mundos e de seres. O anjo é guardião das leis divinas, e ao Messias não caberia repúdio à sacralidade de nenhuma delas – isso fica para nós. (Como a religiosos fanáticos de todos os tempos que prefeririam – em tese e de público – que as pessoas nascessem de um pé de couve, para eliminar o processo que a natureza insiste em privilegiar).

Mas por que – se isso constasse de seus planos – Jesus precisaria esconder-se para casar e ter filhos? Por qual menosprezo às leis da vida? Mas **sobretudo**, que hipocrisia seria essa do filho de Maria, ostentando literalmente duas caras perante a humanidade que veio ensinar? Perpetuaria para todas as gerações futuras a imagem do rabi itinerante e só, que optou pelo amor à totalidade dos seres, e cultivaria, por trás do pano, hipocritamente, uma vida dupla? Com que objetivo? Proteger descendentes? Em primeiro lugar, Ele não privilegiaria a um ou outro humano com a condição eleita de ser "o filho do redentor", para iniciar uma dinastia sem propósito. E depois, que balela é essa de que Ele precisaria "perpetuar genes especiais"? Estão brincando? Desde quando genes físicos são responsáveis por evolução moral? Sócrates e Platão deixaram sua herança na alma coletiva, não no DNA dos homens. Acaso Buda ou Krishna deixaram genes para impulsionar o progresso espiritual do Oriente? E Kardec, e Blavatsky, por que não aproveitaram para melhorar a genética humana com sua inegável qualidade cromossômica? Por favor! Nenhum missionário terrestre cometeria o equívoco de deixar descendentes para serem endeusados em lugar de seus ensinamentos. A humanidade já tem deuses demais.

Mas, sobretudo: é entristecedor ver-se, à revelia do simples bom-senso, essa invenção sem cabimento da "vida dupla de Jesus" ser espalhada sem nenhum propósito, a não ser o de desmentir a sua honestidade diante do mundo que veio instruir. *Honestidade*, não castidade, como acima explicado. Um messias mentiroso, hipócrita e de vida dupla – nada melhor para os que o detestam, não?

Há mais, porém – infelizmente.

Talvez a mais grave de todas as criações fantasiosas (insisto em que não sem objetivo, embora oculto e maquiavélico) sobre o Rabi seja a insinuação de que o drama do Calvário foi uma farsa encenada diante do palco dos séculos. Em outros termos: que Jesus não teria morrido na cruz, mas sobrevivido por longos anos, vindo a desencarnar bem mais velho, depois de permanecer "ensinando" em santuários ocultos da Palestina (leia-se essênios). Incrível! Fomos todos enganados, faz dois mil anos. Cremos em, e amamos, um farsante. Ele encenou o Gólgota para posar de mártir. Na verdade, não era nada disso. Ele nos fez *supor* que dera a vida e a morte pela humanidade. Abusou de nossa credulidade, foi nada menos que um farsante munido de cúmplices competentes que o desceram da cruz, tendo antes providenciado meios (?) de mantê-lo com vida, e o acobertaram na escapulida solerte para continuar sobrevivendo, nesta "adorável" vida física à qual Ele tanto se apegava, por longos anos. Ah! Com a desculpa de "ensinar discípulos". Como se tudo de que Ele precisava para mudar o mundo já não estivesse contido em seu Evangelho e na luz de sua alma que contagiou milhares, depois milhões. (E como se todos os conhecimentos da Sabedoria Oculta já não estivessem sendo transmitidos, havia milhares de milênios, em todos os santuários iniciáticos do planeta, aí incluídos, óbvio, os essênios do Círculo Interno).

E há gente, e obras "esotéricas" supostamente ditadas por grandes seres, mantendo essa incongruência lógica e desatino espiritual.

O que poderia ser feito para derrubar mitos e absurdos e trazer uma lufada do ar fresco da verdade para os que não se contentam com as invencionices?

Árdua tarefa. Precisaria de alguém que aliasse o conhecimento pessoal do Divino Mestre, o acesso às verdadeiras cenas e diálogos de sua vida, a noção de sua verdadeira individualidade sideral, e a credibilidade espiritual para trazer tudo isso à consciência dos homens.

Rematado pela coragem de contradizer os cânones milenares e os "não acredito" dos conservadores.

Um Mestre de Sabedoria, como Ramatís.[1]

À época de Jesus, ele também passava pelo planeta como o conhecido filósofo judeu Philon de Alexandria. Foi à Palestina encontrar o Divino Mestre, conviveu com seus familiares, amigos e seguidores, e dali

---

[1] Mestre de Sabedoria não é um título honorífico; é simplesmente uma denominação técnica que indica um grau sideral, uma faixa de consciência adquirida naturalmente no decorrer da evolução. Assim como se alude, na literatura espírita, a instrutores, governadores e ministros de colônias astrais, de forma a situar a compreensão humana. Um Mestre de Sabedoria é aquele que Kardec refere como *espírito puro*, liberto da roda das reencarnações. Todos lá chegaremos um dia. Essa condição implica duas coisas: um Mestre não se engana – não pode, porque já está em conexão com a Consciência Divina, com a sabedoria cósmica. E um Mestre jamais pode nos enganar. Há portais sagrados que, uma vez transpostos, não admitem reversão a níveis inferiores de consciência e atitudes. Portanto, a palavra do Mestre – desde que seja autenticamente de um – é absolutamente autêntica e confiável, *sempre*. Ramatís, que já foi Pitágoras e Philon de Alexandria, entre outras personalidades, sempre foi um mestre de discípulos. Veio de outras paragens siderais para auxiliar a evolução terrestre, e seu compromisso com a tarefa do ser que conhecemos por Jesus de Nazaré é profundo.

recolheu informações autênticas. Não o foram menos as *gravações*, por assim dizer, que consultou no Invisível – os famosos registros akhásicos, a memória da natureza,[2] que grava tudo que se passa no Universo, e aos quais podem ter acesso todos os que para isso se preparam. Ali, como num filme imperecível, as cenas autênticas da vida de Jesus desafiam os séculos e as deformações sofridas pela letra dos evangelhos.

A obra resultante, *O Sublime Peregrino*, não tem paralelo em toda a gigantesca literatura sobre a vida de Jesus. Não é especulação, não é uma tentativa bem-intencionada de preencher as lacunas do conhecimento existente, não é devaneio poético nem comentário devoto. É um relato fiel dos **fatos** tal como ocorreram, naquela Palestina distante no tempo – com os detalhes que todos desejariam mas não tinham como conhecer. O Cristo Planetário, o perfil de Maria e José, o nascimento de Jesus, sua infância – a descrição encantadora de sua meninice, sua vidinha de pequeno anjo impressentido na moldura bucólica de Nazaré – um relato inédito e fascinante. Ele penetra na psicologia do menino e do jovem Jesus, de seus anseios, dilemas e ideais. Fala com realismo da família que, com exceções, o condenava; deixa entrever os anos de silêncio que vão dos doze aos trinta anos do Mestre, suas ligações

---

2 "Todos os acontecimentos ocorridos com o Mestre Jesus, desde o seu nascimento até a sua crucificação, ficaram vivamente gravados no Éter que impregna o Universo ou "akasha", como é mais conhecido pelos orientais, no qual se gravam todos os fenômenos do mundo material, graças a um processo de auscultação psicométrica, que ainda escapa à vossa compreensão atual. Portanto, é possível captarmos aqui, no Espaço, as reminiscências e minúcias de todos os acontecimentos já ocorridos na Terra, desde a sua criação até o momento em que ditamos estas mensagens. Assim utilizaremos esse processo sideral para nos sintonizarmos com a frequência vibratória da faixa psíquica da vida de Jesus e de José, focalizando-os na Judéia, há dois mil anos" – Ramatís, *O Sublime Peregrino*, **EDITORA DO CONHECIMENTO**.

exatas com os essênios...E traçando o perfil de seguidores e discípulos, do quotidiano de suas andanças pela Galileia, chega aos três anos de pregação e à trajetória do Calvário. Tudo emoldurado pelas descrições poéticas do cenário da Galileia, da vida quotidiana, da alimentação, do povo, da figura física de Jesus e muito mais – até o final de sua vida.

É aí que resplende a importância e beleza dessa obra sem paralelo. Ramatís foi o único, até hoje, que pôde e quis fazer o fiel relato dos últimos dias do Mestre: o porquê de sua ida a Jerusalém, as verdadeiras cenas daquele domingo que ninguém conhece, onde se hospedou com os discípulos naquela semana fatal, a conspiração do clero judaico. E por fim, as cenas fiéis, jamais reproduzidas, da traição de Judas, do julgamento de Jesus pelo Sinédrio, sua entrevista com Pilatos – os diálogos autênticos e quadros psicológicos dos personagens, numa narrativa "cinematográfica". A subida do Calvário, o passo-a-passo da crucificação, e o verdadeiro destino do corpo de Jesus.

Tudo isso para quê?

Para trazer-nos, por meio de quem o conhece tão bem, um perfil autêntico do Dirigente Planetário, escoimado dos absurdos e invencionices que lhe atribuíram por má-fé ou ignorância na letra dos evangelhos. Durante dois milênios de cristianismo, a humanidade admitiu crostas de inverdade coladas à imagem do Mestre Nazareno, e nem os estudiosos mais sinceros ousaram contestar as flagrantes incongruências.

Ramatís o fez.

E de seu relato emerge o Jesus verdadeiramente angélico, liberto das incoerências e distorções dos séculos.

Mas, aos trancos e barrancos, a humanidade evolui, e estão dobrando a esquina do tempo revelações que hão de desestruturar e chocar muito mais, e não sem dor, a consciência coletiva. As ideias de Deus, humanidades siderais, mestres e guias da humanidade, etc, terão de sofrer reajustes apressados diante do contato com civilizações extraterrestres, já programado. Vai doer a muita gente ter que reestruturar velhas crenças e idolatrias. É provável que uma nova concepção de Jesus – sempre mais congruente com a verdade – nos seja trazida. O "cientista sideral", de que nos fala Ramatís, tem de ser inserido no perfil do Divino Amigo. Menos louvações melodramáticas e mais verdadeiro amor e gratidão a esse excelso Guia da humanidade.

Ramatís veio aplainar o caminho, preparar amigavelmente o salto de compreensão que nos será requerido.

Já passa da hora de retirar dos ombros do Sublime Peregrino os farrapos mal ajambrados que desfiguram de forma desrespeitosa a sua figura sideral. O Jesus colérico, vingativo, mesquinho, pusilânime e capaz de iludir-nos que emerge dos cacos inseridos nos evangelhos ou das fantasias contemporâneas de cérebros inconsequentes. Um Jesus que destoa de sua doutrina e, acima de tudo, da natureza sidérea que é a sua. *Um Jesus que nunca existiu*, mas que, pela inconsciência ingênua dos homens, lhes foi legado como legítimo e aceito sem discussão através de vinte séculos. Já é tempo de sacudir a coleira com que os cleros interesseiros imobilizaram a consciência dos cristãos, e permitir que emerja, sem as vestes rotas da crendice, do mito, do absurdo e da incongruência ofensiva, o Anjo límpido e coerente – o Jesus que realmente passou por aqui, mudou o mundo e resgatou as nossas consciências, conquistando nosso amor pela eternidade.

\* \* \*

Mas se *O Sublime Peregrino* aí está, com toda sua carga de verdades corajosas, qual o sentido de uma compilação dele?

A obra de Ramatís contempla todas as facetas da vida e da pregação de Jesus, do nascimento à morte na cruz. Este pequeno livro enfoca especificamente as distorções resultantes de acréscimos e alterações indébitas na letra dos evangelhos, atribuindo ao Mestre coisas que ele nunca fez, "milagres" que não realizou, palavras que não disse e gestos que nunca teve – tudo que deforma o verdadeiro perfil do Divino Rabi, pintando *um Jesus que nunca existiu* e está mais do que na hora de abandonarmos.

Para tanto, foram selecionados trechos da obra e atribuídos títulos que identificam cada tema. As transcrições são cópia fiel do texto de Ramatís, embora haja recortes de mais de um capítulo, às vezes. Há comentários da organizadora, sempre em outro tipo de letra, para distingui-los da fala de Ramatís. Nesta, tomou-se a liberdade de grifar em negrito algumas frases que sintetizam o tema central enfocado – portanto, todos os grifos não são do texto original.

Junto à gratidão por ter mestre Ramatís permitido a concretização desta singela ideia, outra que gostaria de registrar: ao amigo Sérgio Carvalho, editor da Editora do Conhecimento, ramatisiano fidelíssimo e incentivador deste e de muitos projetos em comum, irmão antigo de jornadas planetárias em nossa eterna busca da luz; e a Mauro Maes, outro amigo milenar e fiel guardião do legado ramatisiano na obra de seu pai, nosso saudoso Hercílio Maes.

E como não lembrar dos fiéis companheiros do Grupo de Estudos Ramatís de Porto Alegre, e sua sustentação espiritual e amizade que dura há dezoito anos?

Paz a todos os seres!

Mariléa de Castro
Páscoa de 2013

# A evolução de Jesus
### (Igual à nossa, errando e aprendendo)

Jesus também foi imaturo de espírito e fez o mesmo curso espiritual evolutivo em mundos planetários já desintegrados no Cosmo.

Isso foi há muito tempo, mas decorreu sob o mesmo processo semelhante ao do aperfeiçoamento dos demais homens. Em caso contrário, o Criador não passaria de um ente injusto e faccioso, capaz de conceder privilégios a alguns de seus filhos preferidos e deserdar outros menos simpáticos, assemelhando-se aos políticos terrenos, que premiam os seus eleitores e hostilizam os votantes de outros partidos.

Em verdade, todas as almas se equivalem sob igual processo evolutivo na aquisição de sua consciência espiritual e gozam dos mesmos bens e direitos siderais.

Jesus alcançou a angelitude sob a mesma Lei que orienta o selvagem embrutecido para a sua futura emancipação espiritual, tornando-o um centro criador de novas consciências no seio do Cosmo. Ele forjou a sua consciência espiritual sob as mesmas condições educativas do bem e do mal, do puro e do impuro, da sombra e da luz, tal qual acontece hoje com a vossa

humanidade. Os orbes que lhe serviram de aprendizado planetário já se extinguiram e se tornaram em pó sideral, mas as suas humanidades ainda vivem despertas pelo Universo, sendo Ele um dos seus venturosos cidadãos.

## Jesus teria "evoluído em linha reta"
(Um privilégio dentro do Cosmo)

Essa afirmação não tem fundamento coerente, pois a simples presunção de Jesus ter sido criado espiritualmente com um impulso de inteligência, virtude ou sabedoria inatas, constituiria um privilégio de Deus a uma alma de sua preferência. Isso desmentiria o atributo divino de bondade e justiça infinitas do próprio Criador. Aliás, não há desdouro algum para o Mestre ter evoluído sob o regime da mesma lei a que estão sujeitos os demais espíritos, pois isso ainda confirma a grandeza do seu espírito aperfeiçoado pelo próprio esforço. Nenhum espírito nasce perfeito, nem possui qualquer sentido especial para a sua ascese espiritual à parte. Todos são criados simples e ignorantes; sua consciência ou "livre-arbítrio" se manifesta através do "tempo-eternidade", mas sem anular o esforço pessoal na escalonada da angelitude.

E Jesus não fugiu a essa regra comum, pois forjou a sua consciência de amor e sabedoria cósmicos ao nível dos homens, lutando, sofrendo e aprendendo os valores espirituais no intercâmbio dos mundos materiais. Ele tornou-se um ente sublime porque libertou-se completamente das paixões e dos vícios humanos, mas não se eximiu do contato com as impurezas do mundo carnal. A sublimidade da flor não reside apenas na sua conformação formosa, mas, acima de tudo, na sua capacidade de transformar detritos dos monturos em cálices floridos e odoríferos.

Assim como é impossível a um professor analfabeto ensinar os alunos ignorantes do abc, Jesus também não poderia prescrever aos homens a cura dos seus pecados, caso ele já não os tivesse tido em si mesmo.

Justamente por Ele ter sofrido do mesmo mal, então conhecia o medicamento capaz de curar a enfermidade moral da humanidade terrena!... Jesus, alhures, já foi um pecador como qualquer homem do mundo; porém, Ele venceu as ilusões da vida carnal, superou a coação implacável do instinto animal e seu coração transbordante de amor envolve todos os cidadãos da Terra.

É difícil olhar para o anjo e entender que nós somos o ontem dele.

Não falemos das religiões tradicionais, que equipararam Jesus ao próprio Deus – encarnado num minúsculo planetinha de um modesto sistema na periferia desta galáxia, enquanto abandonava ao caos a administração do resto do Cosmo (outrora não existia "resto do Cosmo" para os terrícolas, porém hoje...). Mas entre os espíritas, até intelectuais, não era difícil encontrar quem se chocasse infantilmente com essa realidade sublinhada por Ramatís, aliás eco dos postulados da doutrina. Jesus teria sido, inda que na poeira dos tempos, um "mero" ser "pecador", igual a nós? Heresia... absurdo!

Essa reação emocional decorre do desconhecimento da beleza cósmica da Lei Evolutiva, da alquimia divina que, "do átomo ao arcanjo", tudo transmuta em luz. Há nela uma justiça equitativa irretocável, que devia bastar para encantar-nos.

Mas nossa ética de privilégios, estruturada em castas, em desigualdade e elitismo, ainda não concebe facilmente um projeto sideral totalmente igualitário e sem exceções.

A humanidade quer deuses, ídolos, totalmente diversos da natureza humana, porque ainda não assimilou a grandeza do "vós sois deuses" enunciado pelo próprio Jesus. Há por trás disso uma autodepreciação, um abdicar da nobreza intrínseca de todo ser criado, porque no Ocidente não fomos educados para isso. Deus está longe, e os anjos não têm nada a ver com os pecadores e seus pecados originais ou derivados.

Como é então que o Filho de Deus (nós, enteados...) poderia já ter vestido o figurino humano?

## O grande sacrifício de Jesus não foi a crucificação

É um equívoco da tradição religiosa considerar que o supremo sacrifício de Jesus consistiu essencialmente na sua paixão e sofrimento, compreendidos entre a condenação de Pilatos e o holocausto da cruz. Se o verdadeiro sacrifício do amado Mestre se tivesse resumido nos açoites, nas dores físicas e na sua crucificação injusta, então os leprosos, os cancerosos, os gangrenosos deveriam ser outros tantos missionários gloriosos e eleitos para a salvação da humanidade. Os hospitais gozariam da fama de templos e viveiros de "ungidos" de Deus, capazes de salvarem a humanidade dedicando a ela suas dores e gemidos lancinantes. Milhares de homens já têm sofrido tormentos mais atrozes do que as dores físicas suportadas por Jesus naquela terrível sexta-feira, mas nem por isso foram consagrados como salvadores da humanidade.

O seu verdadeiro sacrifício e sofrimento foram decorrentes da penosa e indescritível operação milenar durante o descenso espiritual vibratório, para ajustar o seu psiquismo angélico à frequência material do homem terreno. A Lei exige a redução vibratória até para os espíritos menos credenciados no Espaço, cuja encarnação terrena, às vezes, se apresenta dificultosa nesse autoesforço de ligar-se à carne. Mas Jesus, embora espírito de uma frequência sideral vibratória a longa distância da matéria, por amor ao homem, não hesitou em suportar as terríveis pressões magnéticas dos planos inferiores que deveria atravessar gradualmente em direção à crosta terráquea.

Jamais alguém efetuou empreendimento tão intenso e extraordinário para descer do Alto e amoldar-se à forma física, conforme fez Jesus, a fim de submeter-se às leis imutáveis do cientificismo cósmico, em vez de derrogá-las!

Ele desceu através de todos os planos inferiores, desde o mental, astralino e etérico, até poder manifestar-se com sucesso na contextura carnal e letárgica da figura humana. Abandonando os pincaros formosos do seu reino, imergiu lentamente no oceano de fluidos impuros e agressivos produzidos pelas paixões violentas dos homens da Terra e dos desencarnados no Além.

Jesus viu-se obrigado a mobilizar as energias mais adversas e a recompor, com a matéria de cada plano denso em que se manifestava, o seu equipo perispiritual, já abandonado pela sua ascensão espiritual feita através de outros mundos já extintos. Ele teve de adensar-se o mais possível até se fazer sensível entre os homens e poder situar-se no corpo carnal gerado por Maria.

Embora se tratasse de um anjo do Senhor, a Lei Sideral obrigava-o a dobrar suas asas resplandecentes e percorrer solitariamente o longo caminho da "via interna", até vibrar na face sombria do orbe terráqueo e entregar pessoalmente a sua mensagem de amor.

Assim, os 33 anos de vida física de Jesus significam apenas o momento em que Ele faz a entrega da mensagem espiritual do Evangelho, pois o processo espinhoso e aflitivo até imergi-lo nos fluidos terráqueos **durou um milênio do calendário humano.** Essa **operação indescritível de sua descida sacrificial em direção à Terra é, na realidade, sua verdadeira "Paixão"**, pois só os anjos, que o acompanhavam distanciando-se cada vez mais, por força da diferença vibratória, é que realmente podiam compreender a extensão do heroísmo e sofrimento de Jesus, quando deixou o seu mundo rutilante de luzes e prenhe de beleza, para habitar um corpo de carne em benefício dos terrícolas.

O Messias, cuja aura é imenso facho de luz a envolver a Terra — do que a sua transfiguração no Tabor nos dá uma pálida ideia — teve de transpor densas barreiras fluídicas e enfrentar terríveis bombardeios mentais inferiores, suportando os efeitos da viscosa névoa magnética do Astral inferior a envolver a sua aura.

**Em sentido inverso, após o seu sacrifício no Calvário, o seu retorno ao mundo celestial foi um desafogo, uma libertação dos liames grosseiros que o retinham na Terra.**

## Jesus não é o Cristo
(São duas entidades diferentes)

Já é tempo de vos afirmar que o Cristo Planetário é uma entidade arcangélica, enquanto Jesus de Nazaré, espírito sublime e angélico, foi o seu médium mais perfeito na Terra.

O excessivo apego aos ídolos e às fórmulas religiosas do vosso mundo terminam por cristalizar a crença humana, sob a algema dos dogmas impermeáveis a raciocínios novos, e para não chocar o sentimentalismo da tradição. as criaturas estratificam no subconsciente uma crença religiosa, simpática, cômoda ou tradicional e, obviamente, terão de sofrer quando, sob o imperativo do progresso espiritual, têm que substituir sua devoção primitiva e saudosista por outras revelações mais avançadas sobre a divindade.

Quando o religioso tradicional tem de abandonar o seu velho mito ou modificar sua ideia formal da divindade, acariciada há tanto tempo e infantilmente sob a proteção do sacerdócio organizado, ele então sofre na sua alma; e, da mesma forma, sofrem os adeptos de doutrina como o espiritismo, ante a concepção de que Jesus é uma entidade à parte do Cristo, o Logos ou

Espírito Planetário da Terra.

Os próprios espíritas, em sua maioria, embora já possuam noções mais avançadas da realidade espiritual, ainda se confrangem quando se lhes diz que o Cristo é um arcanjo planetário e Jesus, o anjo governador da Terra. O anjo é entidade ainda capaz de atuar no mundo material, cuja possibilidade a própria Bíblia simboliza pelos sete degraus da escada de Jacó. Mas o arcanjo não pode mais deixar o seu mundo divino e efetuar qualquer ligação direta com a matéria, pois já abandonou, em definitivo, todos os veículos intermediários que lhe facultariam tal possibilidade. O próprio Jesus, espírito ainda passível de atuar nas formas físicas, teve de reconstruir as matrizes perispirituais usadas noutros mundos materiais extintos, a fim de poder encarnar-se na Terra.

Jesus, como dissemos, não é o Cristo, mas a consciência angélica mais capacitada para recepcionar e cumprir vontade Deste em cada plano descendente do reino angélico até a Terra. Em sua missão sublime, Jesus foi a "janela viva" aberta para o mundo material, recebendo do Cristo as sugestões e inspirações elevadas para atender à salvação das almas em educação na crosta terráquea.

No entanto, Jesus também ascensiona ininterruptamente, pela expansão ilimitada de sua consciência e libertação definitiva das formas dos mundos planetários transitórios. É provável, portanto, que no próximo "Manvantara" ou "Grande Plano" Ele também já se gradue na escala arcangélica; e então participará diretamente da criação dos mundos sob a inspiração do arcanjo, Logos ou Cristo do vosso sistema solar.

É o arcanjo, o Logos ou Cristo Planetário da Terra, com sua luz e essência vital, que, em perfeita sintonia com a vontade e o plano de Deus, alimenta a alma da humanidade terrícola. Os homens vivem embebidos de sua essência sublime e, por isso, sentem no âmago de suas almas uma direção que os orienta, incessantemente, para as melhores aquisições espirituais no mundo educativo da matéria. As criaturas mais sensíveis, os intuitivos e os inspirados, às vezes identificam essa "voz oculta" a lhes falar silenciosa e ternamente das belezas edênicas, que os aguardam após o desenlace do corpo carnal. Assim, o Logos, o Verbo ou o Cristo do planeta Terra, em determinado momento passou a atuar diretamente pelo seu intermediário Jesus, anjo corporificado na figura humana, transmitindo à humanidade a luz redentora do Evangelho.

No entanto, o Cristo Planetário não podia reduzir-se ao ponto de vibrar ao nível da mentalidade humana ou habitar a precariedade de um corpo de carne. Alguém poderá colocar toda a luz do Sol dentro de uma garrafa?

Não havendo "graças" imerecidas, nem privilégios divinos, obviamente os arcanjos também fizeram sua escalonada sideral sob o mesmo processo extensível a todas as almas. Se um arcanjo ou Logos Planetário pôde ligar-se ao espírito de um medianeiro, como o Cristo uniu-se a Jesus, e sendo incessante o progresso espiritual, mais cedo ou mais tarde o próprio Jesus alcançará a mesma graduação arcangélica. E quando o espírito do homem alcança a condição de arcanjo, ele é então chamado o "Filho Sideral"; é um Cristo, cujo estado espiritual absoluto é o amor.

Não há milagres nem subterfúgios da parte de Deus; nenhuma entidade espiritual, malgrado seja um Logos Solar, poderá ensinar, orientar e alimentar humanidades encarnadas, caso não se trate de uma consciência absolutamente experimentada naquilo que pretende realizar.

Todo arcanjo já foi homem; todo homem será arcanjo — essa é a Lei!

Conforme já temos dito, cada orbe tem o seu logos ou Cristo Planetário, seja a Terra, Marte, Júpiter, Saturno ou Vênus. De acordo com a graduação espiritual de suas humanidades, também há maior ou menor absorvência da aura do seu Cristo.

Quanto mais evoluída é a humanidade de um orbe, ela também é mais sensível ou receptiva à vibração espiritual do seu arcanjo planetário; sente mais intimamente a sua influência benfeitora e pende para as realizações superiores.

O divino Logos ou Cristo da Terra já atuou através de Moisés, Krishna, Isaías, Zoroastro, Buda, Maomé, Confúcio, Fo-Hi, Anfion, Numu e muitos outros instrumentos humanos. Mas Jesus foi o mais fiel intérprete do Cristo Planetário na Terra. Ao completar 30 anos de idade física, quando lhe baixa sobre a cabeça a pomba simbólica do Espírito Santo, durante o batismo efetuado por João Batista, Jesus passou a viver, minuto a minuto, as fases messiânicas do plano espiritual traçado pelo seu elevado mentor, o Cristo ou arcanjo do orbe.

Jesus não nasceu na manjedoura
(E ninguém lhes negou hospedagem em Belém)

O nascimento de Jesus aconteceu sem quaisquer anomalias ou milagres de natureza ostensiva, tudo ocorrendo num ambiente de pobreza franciscana, assim como era **o lar de Sara, velha tia de Maria, para o qual José levara a esposa** a fim de ser assistida e protegida na hora da delivrança. Conforme já dissemos, Maria era uma jovem delicada, envolta por estranhas ansiedades e exaurindo-se facilmente durante o período gestativo; e isto requeria cuidados e atenções por parte de seu esposo.

A casa onde se haviam hospedado era paupérrima e dividida em dois aposentos; num deles amontoavam-se os móveis e os objetos de uso da família; no outro, além de servir de depósito, misturavam-se cabras, aves e carneiros. Das vigas pendiam ganchos com cereais, arreios, peles de animais e o peixe secava à altura do forro, onde a luz do sol penetrava por um retângulo. Sara e Elcana, tios de Maria, durante a noite estendiam um cobertor sobre a esteira e ali dormiam tranquilamente, sob o clima saudável e seco, pois nada lhes pesava na consciência de criaturas simples e honestas.

No momento da *délivrance*, Maria teve de ser acomodada às pressas num recanto do aposento, sobre o leito improvisado com a esteira, cobertores e peles de cabra; e deste acontecimento a fantasia humana pintou a cena da manjedoura.

Em verdade, Jesus nasceu num ambiente de pobreza e próximo dos animais que pertenciam aos seus parentes de Belém, cujo lar cederam prontamente para o seu nascimento, indo dormir as primeiras noites na casa vizinha. Porém, jamais José e Maria dirigiram-se a Jerusalém, para atender ao hipotético recenseamento, que não ocorreu naquela época, mas transladavam-se, deliberadamente, para Belém, em busca de auxílio para o acontecimento tão delicado.

O acontecimento, em verdade, foi de suma importância e bastante jubiloso para os familiares de Maria, quando verificaram que o seu primeiro filho era um querubim descido dos Céus. Nisso, realmente, o fato fora excepcional, pois em Belém ou Nazaré ninguém se lembrava de ter nascido criança tão formosa, cuja fisionomia se mostrava envolta por estranhos fulgores. Sob o espanto de todos, o menino Jesus não apresentava as rugas características dos recém-nascidos, mas as faces rosadas, o semblante sereno e a quietude dos lábios traçados a buril compunham a plástica de encantadora boneca viva, na qual, às vezes, transparecia um ar de gravidade ou divino poder.

## A estrela de Belém não era uma estrela
### (Era uma conjunção planetária)

Nenhuma estrela se moveu no céu, guiando reis magos até Nazaré, embora Melchior, Baltazar e Gaspar tivessem realmente procurado identificar o local onde se encarnara o Avatar prometido para aquela época. Eram velhos magos e experimentados astrólogos[1] que, pela disposição extraordinária dos astros no signo de Pisces, além de sua profunda sensibilidade mediúnica, certificaram-se de que uma entidade de alta estirpe espiritual teria nascido na Terra, naqueles dias proféticos para os conhecedores da astrologia.

Em consequência, pelos seus cálculos astrológicos e sua habilidade esotérica, puderam identificar que a posição conjuncional de Saturno, Marte e Júpiter marcava uma data sideral de suma importância para as atividades espirituais. A presença simbólica da estrela assinalada havia milênios como o sinal incomum do Messias, compreendido na conjunção de Saturno, Júpiter e Marte, deu aos tradicionais magos a certeza do nascimento de alta entidade na superfície da Terra.

---

[1] Por essa razão, na atualidade, se difunde entre os astrólogos a proposta de marcar o dia 6 de janeiro, que a tradição atribui à visita dos Três Magos, como o Dia do Astrólogo. Sua presença emblemática após o nascimento de Jesus simboliza a homenagem e reconhecimento da velha tradição iniciática ao Enviado supremo. (Nota do organizador)

Não deixa de ser divertido o fato de a Igreja Católica, que já condenou a astrologia e, em pleno século XX, quase XXI, proibiu seus fiéis de recorrer a ela (!), e considera a magia, é óbvio, coisa do demônio, ter acolhido calmamente os Reis MAGOS (como entenderão o termo?) em sua intimidade, consagrando-lhes inclusive um dia.

O único evangelista que os menciona é Mateus, e não fala de "reis"; diz que "uns magos vieram do Oriente a Jerusalém" em busca do Menino.

A promoção a reis fica por conta da Igreja. Mas que tradução do termo "magos" foi adotada para permitir-lhes o ingresso nos presépios e na fé católica? Ou teriam passado de escanteio, numa desconversa de cavalheiros, já que alguém se esqueceu de podar isso em tempo do texto de Mateus? Poderia ser também que figuras de reis, e logo três, tivessem parecido boas para realçar a cena da mangedoura, trazer certo prestígio e brilho a um redentor tão pobre. Então espalhou-se a versão dos "reis", e o "magos" ficou um mero apêndice, de cujo sentido nunca se viu ninguém indagar. Boa pergunta para animar uma aula de catecismo.

## Jesus poderia ter se casado
(Mas nunca às escondidas...)

Se Jesus houvesse se casado e constituído um lar, a humanidade só teria lucrado com isso, pois Ele então deixaria mais uma lição imorredoura da verdadeira compostura de um chefe de família. E mesmo que também houvesse alimentado um amor menos platônico, nem por isso menosprezaria a sua vida devotada exclusivamente aos outros. Muitas criaturas solteiras e castas vivem tão repletas de inveja, egoísmo, ciúmes e concentradas exclusivamente em si mesmas, que se tornam inúteis e até indesejáveis ao próximo.

Que desdouro seria para Jesus, se Ele se tivesse devotado ao amor que une o homem e a mulher, quando deu toda sua vida em holocausto à redenção espiritual da humanidade?

Mas embora Ele tenha evitado formar um lar, jamais condenou ou menosprezou o agrupamento da família, porquanto sempre advertiu quanto à legalidade e ao fundamento da Lei do Senhor, que assim recomendava: "Crescei e multiplicai-vos!"

O sangue humano como vínculo transitório da família terrena, tanto algema as almas que se odeiam, como une as que amam no processo cármico de redenção espiritual. Por isso, Jesus aconselhou o homem a libertar-se da escravidão da carne e estender o seu amor fraterno a todos os seres, além das obrigações inadiáveis no seio do lar.

Jesus recomendava amor e espírito de justiça, induzindo à libertação da família no mundo material acima do egocentrismo de casta, em favor de toda a humanidade. Ele procurou demonstrar que, apesar do vínculo sanguíneo e egoísta da parentela humana, o homem não deve limitar o seu afeto somente às criaturas viventes no ambiente de sua família.

**O imenso amor de Jesus pela humanidade é que o afastou do compromisso de constituir um lar.** Não foi somente sua elevada qualidade espiritual o motivo de Ele conservar-se ligado a todos os homens e desprendido de um afeto exclusivo à família humana, mas sim a piedade, a ternura e a compreensão do sofrimento de todas as criaturas.

Em verdade, Ele não condenou os direitos da família consanguínea, mas apenas advertiu quanto aos perigos do afeto egocêntrico que se gera no meio do lar, embotando o sentimento do amor às demais criaturas. Ao recomendar a terapêutica do "Amai-vos uns aos outros assim como eu vos amei", Ele mesmo já havia demonstrado esse amor incondicional, que abrange a família-humanidade.

Jesus não constituiu a clássica família humana nem amou fisicamente, porque já era um espírito liberto dos recalques do sexo. Ele não abjurou nem repudiou a parentela humana; apenas evitou os laços de sangue capazes de oprimir ou limitar as expansões do seu amor tributado à humanidade inteira.

Quando, no futuro, as virtudes superiores da alma dominarem os interesses e o egoísmo humanos, então existirá uma só família, a da humanidade terrena. Os homens terão abandonado o amor egoísta e consanguíneo, produto da família transitória, para se devotarem definitivamente ao amor de amplitude universal.

## Jesus não ia a festas, era sério e não se divertia com trivialidades
(Opinião de espíritos sisudos
e intransigentes consigo e com os outros)

Jesus era dotado de um temperamento sereno e equilibrado no contato com as criaturas humanas, pois embora vivesse sob profunda tensão espiritual interior, em face do potencial angélico que lhe oprimia a carne, sabia contentar-se, e ninguém pôde lhe apontar gestos e atitudes de cólera por sentir-se ofendido ou desatendido.

Ele não se negava às relações sociais e comuns com o mundo exterior, nem verberava a alegria e o divertimento humanos. Participava gentilmente das festividades e tradições religiosas do seu povo, mas o fazia sem os exageros entusiásticos das almas infantis.

Expressava o suave sorriso de Maria nos júbilos domésticos ou nos reencontros afetivos, mas jamais se excedia na gargalhada descontrolada ou no choro compungido do sentimentalismo humano. Ante as cenas humorísticas, mas cheias de simplicidade das

festas regionais de sua terra natal, sua fisionomia era tomada de um sorriso tolerante e por vezes travesso. Mas diante das cenas cruéis, como das crianças escravizadas, cegas e vítimas de queimaduras nos trabalhos escravos das fundições de Tiro, a piedade fazia-lhe estremecer o corpo delicado, ou então se angustiava, batido pelo vendaval agressivo da maldade humana. O suor umedecia-lhe a fronte e a palidez tomava-lhe as faces, ao contemplar o panorama aflitivo das misérias e das atrocidades do mundo.

Jesus não jejuou por quarenta dias no deserto

Embora não tenham fundamento os exagerados jejuns de quarenta dias no deserto, que lhe foram atribuídos, Ele realmente socorreu-se algumas vezes do jejum absoluto, como delicadíssima terapêutica para conservar seu espírito no comando da carne. Não se tratava de nenhuma prática iniciática ou obrigação religiosa; era apenas um recurso sublimado e admissível em entidade tão excelsa como Jesus, cuja consciência angélica ultrapassava os limites da suportação comum de um organismo humano.

O jejum desafoga a circulação sanguínea dos tóxicos produzidos nas trocas quimiofísicas da nutrição e assimilação; debilita as forças agressivas do instinto inferior, aquieta a natureza animal, clareia a mente e o sistema cérebro-espinhal passa a ser regado por um sangue mais límpido.

É óbvio que o jejum enfraquece, em decorrência da desnutrição, mas compensa porque reduz o jugo da carne e desafoga o espírito, permitindo-lhe reflexões mais lúcidas e intuições mais certas.

Assim, o jejum também era para Jesus o recurso benéfico com que contemporizava a excessiva tensão do seu próprio espírito na carne.

## Jesus poderia ter continuado a viver, caso não tivesse desencarnado realmente na cruz
### (E qual seria a utilidade disso?)

O Mestre Jesus foi, indiscutivelmente, a entidade da mais alta estirpe sideral que já desceu ao vosso orbe. A sua consciência ampla e poderosa lutava assombrosamente para firmar-se no comando de um cérebro humano. Era um divino balão cativo preso por delicadíssimos fios de seda.

O organismo físico não lhe oferecia os recursos necessários para permitir-lhe uma relação perfeita entre o mundo angélico e o material.

O dinamismo espiritual fabuloso do espírito de Jesus, atuando incessantemente sobre a fragilidade do seu cérebro físico, quase o levava à clássica *surmenage*, além de exigir-lhe os mais dificultosos e vigilantes esforços para manter-se no mecanismo vivo da carne.

A fadiga transparecia-lhe cada vez mais funda no semblante angélico, à medida que se sucediam os anos de sua vida física. Por vezes, descoloriam-se-lhe as faces e o suor aljofrava-lhe a fronte, enquanto sob intensa sensibilidade o corpo perdia temperatura e parecia açoitado por um vento gélido. Inúmeras vezes os seus discípulos temeram vê-lo cair sem vida, pois o seu generoso coração arfava perigosamente e o corpo estremecia sob o alto potencial angélico.

O seu espírito, preso por um fio de linha ao diminuto mundo da carne, parecia mil raios de sol convergindo sobre a lente do cérebro precário e atuando sob vigorosa voltagem. Que seria do frágil motor elétrico construído para suportar a carga máxima de 120 volts, caso, de súbito, recebesse o potencial de 13.000 volts, diretamente da usina elétrica? O organismo físico não lhe oferecia os recursos necessários para permitir-lhe uma relação perfeita entre o mundo angélico e o material.

**Mesmo que Ele não tivesse sido crucificado aos 33 anos, não teria sobrevivido por muito tempo, pois o seu corpo carnal já se mostrava exaurido e incapacitado para atender ao alto grau de suas exigências mentais.**

## Jesus e Maria de Magdala

Maria de Magdala era jovem e muitíssimo formosa, além de famosa cortesã que acendia o fogo das paixões em muitos homens da mais alta categoria administrativa e social de Jerusalém. Movida por um sentimento de curiosidade e ao mesmo tempo de ansiedade espiritual, ela procurou conhecer o rabi de sua terra, cuja fama de redentor de almas já atingia as cidades mais populosas.

De princípio, ela dirigiu ao Mestre olhares insistentes, irônicos e quase desafiadores. Conhecedora profunda dos sofismas e capciosidades dos homens, que eram capazes de tripudiar sobre as coisas mais puras para satisfazer suas paixões, gostaria de conhecer a fundo a natureza passional daquele homem belo, sereno, mas humano. Ante seus olhares provocadores, Jesus não trepidou em sua habitual serenidade; mas devolveu-lhe um olhar de censura espiritual tão profunda, que ela vacilou, confusa, quase que envergonhada. Dali por diante passou a segui-lo, acompanhada de sua mãe, dissimulando pouco a pouco a sua exuberante beleza de formas, na euforia dos 24 anos de idade. (...) Sua alma,

que sentia necessidade de um afeto puro, prendia-se cada vez mais àquele pregador que todos apontavam casto, sem mácula e de coração tomado pelo mais puro e grandioso amor ao gênero humano.

Não conseguia esconder o remorso da primeira vez em que se defrontara com Jesus e lhe endereçara um olhar provocante, algo malicioso, como a duvidar de sua pureza de homem íntegro e desapegado dos bens do mundo.

Devotou-se com o máximo de solicitude para apagar aquela primeira impressão desairosa.

**Jesus jamais amou fisicamente Maria de Magdala**, pos o seu porte moral e sua fidelidade à obra cristã, que era o seu sonho dourado no mundo, afastavam-no de qualquer objetivo vulgar. Ele não tardou a perceber que ela fora vítima de sua própria imprudência, pois passara a amá-lo desesperada e ardentemente. Mas Jesus decidiu-se a vencer aquele amor e salvá-la de sua vida impura e delituosa, passando a tributar-lhe um afeto terno e paternal, que pouco a pouco deu-lhe força espiritual, ajudando-a a vencer a paixão abrasadora em troca da ternura fraterna. Exausta da falsidade dos seus admiradores, que apenas lhe cobiçam os encantos e jamais seriam tão nobres e desprendidos como Jesus, essa paixão menos digna, dos primeiros dias, não tardou a transformar-se no mais puro sentimento espiritual.

Jesus, entidade que já havia superado a ilusão da forma humana, cuja descida à Terra lhe custara imenso sacrifício espiritual, jamais poderia se fascinar pela beleza e os encantos físicos de qualquer mulher, que Ele não considerava além de uma irmã digna de ser venturosa.

A vida material não lhe despertava qualquer impressão ou desejo porque, através das coisas do mundo físico, Ele só vislumbrava o espírito eterno que as sustinha. Espírito auto-realizado, senhor de toda a trama da existência física e do planejamento espiritual do Espaço, jamais o seu coração sacudiu-se sob a intempestividade da paixão humana, pois, como disse Buda, "a paixão é como a flor que se entreabre pela manhã e murcha à tarde".

Maria de Magdala era um espírito generoso e afidalgado, que há muito tempo se sentia enojado dos prazeres inferiores, ansiando por encontrar um amor puro, sem paixão egocêntrica, um coração amigo a que pudesse confiar suas amarguras, seus sonhos desfeitos e sua ansiedade espiritual. Ela sabia que os seus cortejadores mais apaixonados e ciumentos não passavam de homens fesceninos,ególatras e violentos, que depois de fartos em seus desejos, não tripudiariam em deixá-la atirada no monturo dos párias do mundo. Espírito de boa estirpe sideral, não abandonava os deserdados da sorte, mas sentia-se sozinha no seu mundo. Vivia espiritualmente desesperada, reconhecendo a necessidade urgente de trocar aquela vida daninha por um viver simples e limpo, em que um sorriso alheio lhe fosse sincero e amigo. Inúmeras vezes ela havia tentado libertar-se daquela vida dissoluta.

Maria de Magdala se tratava de entidade amiga de Jesus, de vidas pretéritas, e situada também no esquema do cristianismo. Cumpriu-lhe não só cooperar na obra cristã como liderar as mulheres que deram o cunho afetivo, a ternura, poesia e renúncia na divulgação dos princípios libertadores do Rabi da Galileia.

O Mestre Divino, por sua vez, pela sua capacidade retentiva e intuição superior, pressentiu que Maria de Magdala estava intimamente ligada à sua obra messiânica, porque reconheceu tratar-se de um reencontro amigo na face da Terra. Ele havia trocado ideias com ela ainda no mundo espiritual, antes de ingressar nos fluidos do orbe físico, prometendo convocá-la no momento oportuno e ajudá-la na sua tarefa adstrita ao cristianismo!

## Jesus nunca discursou

Jesus fascinava as multidões em suas pregações formosas e fluentes, pois era criatura sem afetações e não usava de quaisquer artificialismos para ressaltar sua oratória. Jamais se preocupava em impressionar o auditório pela eloquência rebuscada, como é muito comum entre os oradores do mundo profano. A essência espiritual de suas palavras provocava uma alegria suave e consoladora em todos os que o ouviam. Não prelecionava em altos brados, nem dramatizava acontecimentos; jamais sacrificava o conteúdo singelo das suas lições para ressaltar-se na figura de um admirável orador. Exato, sem as minúcias que exaurem os ouvintes, num punhado de vocábulos familiares expunha o esquema de uma virtude ou a revelação de um estado de espírito angélico.

E Jesus falava com naturalidade, **sem a proverbial altiloquência que lhe emprestaram os evangelistas**, como se estivesse no seio aconselhador de um lar amigo. Sua voz doce e comunicativa extasiava os ouvintes; penetrava-lhes na alma trazendo-lhes a efervescência espiritual.

Era imenso o poder verbal de Jesus. Sua voz era pausada, repleta de doçura e de uma sonoridade musical cristalina.

As mãos do meigo Rabi eram de molde irrepreensível; em suas pregações e gestos, pareciam mansas pombas configurando-lhe no espaço os contornos do pensamento.

Os seus sermões eram claros, simples e sem mistérios, o que também não agradava aos sacerdotes que se sacudiam nos púlpitos, agitando a atmosfera das sinagogas com os berros de uma altiloquência deliberada sobre o público.

Ademais, Jesus enfraquecia o "mistério" da religião que alguns homens, astutos como as raposas, evitam explicar ao povo ignorante e tolo. Ensinava tudo muito fácil, expunha em público as delicadas facetas da especulação iniciática dos templos, e os mais complexos tabus tornavam-se brinquedo de criança. A compreensão da imortalidade tornava-se cada vez mais simples entre o povo rude e inculto, que entendia facilmente o generoso rabi. Evitava as argumentações teológicas, as exortações áridas e quilométricas, e não apelava para os quadros estentóricos com o fito de valorizar a sua oração.

## O subversivo que irritava
(O clero judaico, que temia perder o poder e os privilégios)

Certas vezes, ao surgir na curva do caminho principal que se estreitava depois na rua pedregosa principal de Nazaré, voltando de suas pregações junto ao Jordão, Tiberíades ou adjacência, e cercado pelos pescadores, homens do povo, viúvas, mulheres de todos os tipos e condições sociais, os velhos rabis, tomados de cólera "sagrada", recebiam Jesus com apodos e vitupérios. Batiam-lhe as portas da sinagoga à sua passagem, num protesto vivo contra as suas ideias e a ousadia de contrariar os preceitos de Moisés, em troca de aforismos e ensinamentos subversivos à religião do povo.

Eram velhos sacerdotes ainda submetidos às regras dos manuscritos ortodoxos e não se reconciliavam com a pregação livre e talentosa de Jesus. Os seus protestos senis combatiam a ideia imortal que vicejava à luz do dia sob a palavra mágica do jovem pregador de Nazaré.

Desesperados, empunhavam no recinto da sinagoga massudos e envelhecidos pergaminhos para justificar suas prédicas ortodoxas e o dogmatismo de suas palavras vazias. Os fiéis entravam e saíam do santuário local tão ignorantes como viviam todos os dias, à semelhança do que ainda hoje ocorre com crentes modernos.

O rabi Jesus era portador de ideias revolucionárias, explicando a existência de um Deus incompatível com a obstinação, o fanatismo e as especulações religiosas dos judeus. Isso era a subversão de todos os costumes religiosos e tradicionais do passado, até a abdicação da virilidade judaica, pois Ele chegava a aconselhar a "não violência" contra os romanos.

Assim, alguns dos seus parentes, vizinhos e amigos, aliando-se aos que possuíam interesses no prolongamento de uma situação de utilitarismo pessoal e acobertada pela falsa religiosidade, também não viam com bons olhos Jesus em suas pregações.

O seu ministério despertava protestos, ironias, críticas e irascibilidades em certas classes, porque os seus ensinamentos não se ajustavam à tarefa comum do rabinato das estradas, pois transcendiam corajosamente a tradição religiosa, sacudiam a canga bovina do povo e despertavam dúvidas pelo esclarecimento dos dogmas, das especulações e fantasias do sacerdócio astucioso.

## Muitos "milagres" atribuídos a Jesus nunca aconteceram

O Mestre realizou inúmeras curas e renovações espirituais, que não devem ser consideradas milagres. Tudo que Ele realizava nesse sentido, embora tido por miraculoso, era apenas consequência da aplicação inteligente das leis transcendentais.

Há grande confusão nos relatos evangélicos, pois inúmeros fatos ocorreram de modo diferente do relatado, e **também atribuíram a Jesus certos milagres absolutamente estranhos à sua vida.**

Os compiladores do Evangelho valeram-se bastante da tradição. No intuito de engrandecer a pessoa do Mestre Galileu, atribuíram-lhe milagres que são repetições dos já atribuídos a outros antigos missionários, reformadores, magos e videntes consagrados.

Os quatro evangelhos foram, aliás, escritos "segundo" o que os evangelistas disseram, e não o que eles mesmos escreveram.

## O "milagre" das Bodas de Caná
(Nunca ocorreu)

Semelhante narrativa, de transformação da água em vinho, já fora atribuída a Buda, em destacado esponsal hindu. Os homens interessados em avultar a figura mitológica de Jesus, mediante poderes sobrenaturais, serviram-se do seu prestígio "divino".

É certo que Jesus e Maria estiveram presentes às bodas de Caná, pois o Mestre atendia afetuosamente às obrigações sociais de sua cidade, evitando humilhar ou afastar-se dos seus conterrâneos. Mas torna-se evidente que, numa festa onde o vinho já se havia esgotado por ter sido distribuído com fartura, a maioria dos convidados devia se achar num estado de forte embriaguez. Embora Jesus fosse tolerante para com as fraquezas humanas, é evidente que Ele não iria produzir mais vinho, porquanto, se assim fizesse, o ambiente das bodas seria perturbado pelos excessos que ocorrem sempre que o deus Bacco é o dominador da festa.

Por conseguinte, **esse suposto milagre** em nada realçaria o caráter do Mestre; muito ao contrário, truncaria a linha reta de sua elevada compostura moral.

## Nunca houve "ressurreição" de Lázaro
### (Se estivesse morto, o cordão prateado rompido, seria uma afronta à Lei Divina)

Realmente, Jesus assistiu Lázaro e o salvou da morte certa; mas os exegetas da Bíblia quiseram levar o caso à conta de uma ressurreição, derrogando assim as próprias leis que o Mestre afirmou não vir destruir, mas cumprir.

O caso de Lázaro explica-se hoje na esfera da patologia cataléptica. O corpo do suposto ressuscitado estava rígido, mas vivo, pois o jovem Lázaro sofria de terríveis ataques catalépticos. Houve, sim, um despertamento salvador, mas não a ressurreição de um corpo já em desintegração.

Conforme diz o Novo Testamento, Jesus achegou-se a Lázaro e ordenou-lhe, num tom imperativo, que ele se levantasse. E jorrando-lhe forças magnéticas de alta vitalidade que o desentorpeceram do choque cataléptico e da rigidez muscular, Lázaro levantou-se.

Se o corpo de Lázaro já estava inumado havia quatro dias, como diz o Evangelho de João, em terreno aquecido e favorável à multiplicação da fauna microbiana desintegradora dos túmulos, Jesus teria encontrado ali apenas um cadáver putrefato, desprovido de fluido vital e em acentuada decomposição.

Lázaro, vítima de terrível ataque cataléptico, teria, evidentemente, sucumbido na angustiosa atmosfera aquecida da gruta de pedra, caso Jesus não o tivesse chamado à vida antes do seu sepultamento definitivo.

# Jesus não multiplicou pães e peixes
(Esse não era o seu objetivo)

A tradição milagreira também diz que Moisés multiplicou alimentos no deserto, fazendo cair o maná para alimentar os judeus fugitivos dos egípcios; que Buda fez o mesmo para seus discípulos; portanto, Jesus, como o Salvador dos homens, não poderia deixar de realizar igual milagre.

Mas a verdade é que o Mestre não pretendia multiplicar os bens materiais dos homens, pois, na realidade, o "pão do espírito" era o que mais Ele buscava fazer crescer no íntimo das criaturas.

## A moeda na boca do peixe
(Anedota de pescador)

(O "milagre" em que Jesus teria avisado a Pedro de que acharia uma moeda na boca de um peixe, com a qual devia pagar o tributo a César)

Trata-se de uma linguagem figurada baseada numa anedota de pescadores, e que Jesus usou para ilustrar um ensinamento a Pedro, o qual vivia sempre se arreliando com os estranhos que lhe faziam perguntas capciosas contra seu Mestre.

## A legião de obsessores não se incorporou na vara de porcos

(Aliás, que vantagem teriam com isso – para serem lançados despenhadeiro abaixo? E desde quando espíritos humanos se incorporam em animais? Puro jogo de cena do narrador).

Entre os próprios evangelistas existe certa diferença no relato de tais acontecimentos, pois enquanto Mateus resume os fatos desinteressando-se até com o que se passa com os curados, e refere-se a dois endemoniados gerasenos, em vez de um, Lucas e Marcos são bastante minuciosos sobre um só possesso.

Em verdade, Jesus curou a dois possessos gerasenos, cujos espíritos obsessores, ao serem interpelados, responderam-lhe que eram uma "legião" atuando naquela gente.[1]

No entanto, é absurda e falsa a narrativa em que se atribui a Jesus a estultice de fazer tais espíritos entrarem nos porcos "cuja manada era de cerca de dois mil e se precipitou despenhadeiro abaixo, para dentro do mar, onde se afogaram".

---

[1] E teriam pedido a Jesus que os deixasse entrar na manada de porcos, e Ele teria consentido... (Nota do organizador)

O Mestre teria ordenado: "Espírito imundo, sai desses homens", e assim que lhe responderam que "eram uma legião" (de obsessores) Jesus teria acrescentado: "Vai-te destes homens, pois o espírito imundo não mora nos homens, mas nos porcos".

Toda vez que se atribui violência, irascibilidade ou desforra ao excelso e bondoso espírito do Sublime Jesus, embora isso conste nos evangelhos autorizados, não deve ser aceito, pois o seu caráter era generoso e tolerante.

Assim, a narrativa dos endemoniados gerasenos é uma incongruência que desmente a natureza elevada do Mestre. Jamais Jesus concorreria para dar um prejuízo tão vultoso aos porqueiros que conduziam a manada de dois mil porcos em direção à cidade, fazendo-os afogarem-se ao transferir-lhes a legião de obsessores.

## Caminhar sobre as águas – não teria propósito
(Mais um "milagre" sem serventia)

Ainda hoje, na Índia, não é muito difícil encontrar-se indivíduos que conseguem realizar o prodígio de andar sobre as águas, caminhar sobre cacos de vidro acerados e deitar-se em braseiros sem quaisquer danos, pois a matéria não passa de energia condensada do mundo oculto, que pode ser dominada pelo homem, conforme a vossa ciência prova dia a dia.

Mas é preciso distinguirmos a função de um prestidigitador que surpreende o senso comum das criaturas operando fenômenos exóticos da missão de um espírito do quilate de Jesus. O primeiro pode tornar-se um "homem dos milagres" e acompanhar-se de um cortejo de admiradores e fanáticos; o segundo é um libertador de almas.

Jesus poderia realizar todos os milagres que lhe foram atribuídos, operando sabiamente com as energias naturais do próprio mundo físico. No entanto, isso em nada o ajudaria a convencer a criatura necessitada de sua própria libertação espiritual. Nenhum missionário, por mais excêntrico e poderoso no manejo das forças ocultas, conseguiria transformar um homem num anjo somente à custa de fenômenos e milagres.

O "milagre" de Jesus andar sobre as águas, conforme a narrativa dos evangelistas, prende-se à interpretação errônea de um costume tradicional entre os galileus de sua época. Havia dois caminhos muito conhecidos que convergiam de Cafarnaum e outras localidades para Nazaré: um deles cortava a planície e o denominavam "caminho do campo"; outro margeava o lago Tiberíades e o chamavam o "caminho das águas". Assim, quando alguém seguia ou retornava margeando o lago Tiberíades, era costume dizer-se que "fulano fôra ou viera pelo caminho das águas". Mas, decorrido certo tempo, era mais próprio dizer-se que "fulano fora ou viera pelas águas". Desse modo, quando Jesus retornava com seus discípulos para Nazaré, era muito comum anunciarem que "o Mestre vinha pelas águas", e isso fez com que a tradição religiosa trouxesse até vossos dias a lenda de que "Jesus andava sobre as águas".

Um Jesus que Nunca Existiu

## A expulsão dos vendilhões do templo
(Talvez o pior dos absurdos atribuídos ao
Mestre, o mais incongruente e desrespeitoso)

O Jesus descrito nos evangelhos às vezes se contradiz quando analisado em sua contextura angélica e condição psicológica humana. E há também contradições entre as quatro narrativas dos apóstolos.

Além disso, certas cenas e atitudes desmentem a conduta, o temperamento, a sensatez e os objetivos do Mestre, porquanto, em algumas passagens, Ele se mostra irascível, arbitrário e despótico, depois de ter predicado o amor, a bondade, a mansuetude, o perdão e a tolerância, como no caso de sua ira e agressividade contra os vendilhões do templo (Mateus XXI – 12-13).

Essa narrativa é de origem duvidosa, mesmo porque não se coaduna com os costumes hebraicos da época.

Além disso, a violência e agressividade do ato desmentem a índole pacífica e tolerante de Jesus, pois apresenta-o empunhando um chicote, açoitando os homens, dando pontapés nas mesas, espantando bois e ovelhas, promovendo, enfim, uma grande desordem no recinto de um templo. Os cambistas são escorraçados até a rua, recebendo insultos e sofrendo prejuízos por parte daquele que viera ensinar a perdoar incondicionalmente.

O Cordeiro de Deus era dócil, pacífico e respeitoso em todos os seus atos e atitudes. Assim o demonstrou diante da mulher adúltera, ante a negação de Pedro e na traição de Judas. Sua missão não era de turbulências, nem de alterar os costumes tradicionais de uma cidade.

Jesus descera à Terra para viver, à luz do dia, as lições do amor e da piedade, em toda a sua extensão. Alma cósmica, compreensiva e sábia, não tinha quaisquer recalques de cólera. Enérgico diante das injustiças contra os fracos, jamais se transformaria num agressor vulgar atacando um punhado de homens ignorantes e necessitados de ganhar a vida. Tais vendedores não exerceriam o seu comércio se isso lhes fosse proibido pelo sacerdócio hebreu, que era a força dominante para dirigir o povo.

Chamar o templo de Jerusalém de "covil de ladrões" representaria um insulto aos sacerdotes e ao povo de Israel; e Jesus seria incapaz de insultar alguém. Aliás, Ele apenas considerava aquele local como um detestável e sangrento matadouro de aves, carneiros e bois. A sua noção de "Casa de Deus" era bem mais extensa, conforme no-lo demonstrou quando o seu pensamento, esvoaçando pelo Cosmo e situando os planetas habitados por outras humanidades, disse textualmente: "Na *casa de meu Pai* há muitas moradas".

Ademais, os narradores ainda cometeram o disparate de transplantar para os lábios de Jesus as mesmas palavras proferidas pelo profeta Isaías, do Velho Testamento, referentes a outros assuntos: "Minha casa

(a casa de Deus) será chamada casa de oração". E, quando o fazem terminar a sua indignada expulsão dos vendedores, atribuem-lhe ainda outras palavras que foram exprobações de Jeremias: "Mas vós a tornastes covil de ladrões".

Os cambistas que, a distância, faziam seus negócios, eram modestos vendedores ambulantes, cuja féria mal lhes garantia o pão de cada dia. Se Ele cogitasse, realmente, de expulsar os "vendilhões do templo", teria que iniciar sua ação corretiva de dentro para fora, ou seja, enxotando primeiramente os próprios sacerdotes e os seus sequazes desonestos.

Além disso, seria absurdo que um forasteiro de visita à cidade santa, provindo da Galileia, se pusesse a agir daquele modo, sobrepondo-se à lei ou hábito vigente na cidade.

Se Jesus houvesse açoitado o mais insignificante vendedor, os outros o subjugariam imediatamente, impedindo que o galileu recém-chegado do interior os agredisse e lhes causasse prejuízos. E os vendedores eram consentidos e tributados por lei. Por conseguinte, Jesus, como bom hebreu e respeitador das leis do país, não iria protestar em público, mediante violência agressiva, contra o que sabia ser lícito.

O sublime Jesus do Sermão da Montanha, que perdoou e consolou a mulher adúltera, que recomendou a caridade do perdão "setenta vezes sete", que aconselhou a entregar a face esquerda a quem nos bate na direita, certamente jamais incorreria na violência e desordem agressiva que lhe é atribuída, contra os vendedores que negociavam nos lugares permitidos do templo de Jerusalém. A sua compreensão angélica tornava-o tolerante e piedoso para com todos os pecadores. Era enérgico, decidido e heróico, mas sem a violência da ira ou da paixão agressiva.

Por conseguinte, não é somente o caráter impoluto, a contextura psicológica, a agudeza espiritual e a sabedoria cósmica de Jesus que **contestam a possibilidade desse incidente chocante e que imerecidamente lhe atribuem;** mas a própria tradição, os costumes e as leis judaicas o desfazem facilmente.

A entrada em Jerusalém: não houve qualquer jumento

A caravana[1] chegou às portas de Jerusalém e ali estacou de modo triunfal. Muitos dos seus participantes já haviam seguido à frente, a fim de prepararem uma recepção das mais festivas e contagiantes aos jerusalemitas, sempre tão indiferentes ao valores da Galileia. O Mestre Jesus não pôde fugir àquela onda de vibração efusiva, que o envolveu; e, ereto e magestoso, atravessou a Porta Áurea da cidade. Mas o seu espanto foi imensurável, quando as mulheres e crianças lhe atiravam flores e o saudaram com ramos de oliveira e palmeiras, enquanto os homens tiravam suas túnicas e as colocavam no chão para Ele passar. Surpreso e apreensivo, pisava as pétalas de flores e as túnicas de seus admiradores, estendidas a seus pés, sob os gritos de "hosanas" e aclamações ao Rei de Israel e ao "Filho de Deus".

**Aliás, Jesus não penetrou em Jerusalém montado**

[1] "No domingo que antecedia a semana da Páscoa, Jesus e seus discípulos partiram de Betânia em direção a Jerusalém. O Mestre seguia silencioso e preocupado, antevendo os acontecimentos trágicos; seus amigos e adeptos, no entanto, acompanhavam-no dominados por intenso júbilo, certos de que chegara o momento tão ansiosamente esperado. A águia romana deveria ser destroçada sob os tacões dos judeus heróicos e decididos, sob o comando do invencível profeta e Messias Jesus." – *O Sublime Peregrino*, cap. XXVIII, **EDITORA DO CONHECIMENTO**.

**num burrico ou qualquer jumento**, conforme diz a tradição religiosa e predisse o Velho Testamento, pois desde Betânia todos marchavam a pé, num crescendo de júbilo emocional. Evidentemente, ninguém estenderia suas túnicas para serem pisadas por um burrico, mas assim o fizeram para a passagem do Mestre Galileu.

## Pedro não recusou o lava-pés do Mestre

João Batista instituiu a cerimônia do batismo (...) e mais tarde também organizou a cerimônia do "lava-pés", que simbolizava um evento fraterno e humilde. Jesus, humilde e tolerante, aceitou ambas as cerimônias
(...)
Algo dizia ao Mestre Jesus que seria sacrificado antes do domingo de Páscoa. Desse modo, Ele decidiu-se a proceder à cerimônia do "lava-pés" na quarta-feira, após a grande ceia, em vez de esperar a sexta-feira tradicional.
(...)
Tratava-se de uma cerimônia habitual entre Jesus e seus discípulos desde o tempo de João Batista; por isso, **não havia motivo para a recusa de Pedro.**
Aliás, afora João, os demais apóstolos ignoravam que a cerimônia do "lava-pés" já fazia parte integrante do rito dos essênios.

## Jesus nunca acusou Judas na Última Ceia
(É inacreditável que atribuam essa mesquinhez ao Mestre)

Entre os diversos acontecimentos narrados pelos evangelistas e sumariamente modificados posteriormente pelos exegetas católicos, **a cena da acusação indireta de Jesus contra Judas, se fosse verdadeira, seria um dos mais graves e censuráveis desmentidos aos seus profundos sentimentos de amor, ternura e perdão** tão sublimes que, nos extremos de sua agonia, no ato da crucificação, o fizeram dirigir ao Pai, quanto aos seus algozes, aquela rogativa de misericórdia infinita: "Pai, perdoa-lhes porque eles não sabem o que fazem!".

É quase inacreditável que, depois de se configurar o Amado Mestre como a maior expressão de amor e de renúncia na Terra, reduzam-no ao caráter de um homem comum, ressentido e intrigante, pecando pelo julgamento antecipado da "possível" traição de um discípulo.

Conforme narra o Evangelho de João, cap. XIII, vs. 21 a 30, primeiramente Jesus exclama: "Em verdade, em verdade vos digo que um de vós me há de entregar". Após os apóstolos se recuperarem da angústia daquela acusação velada, e em seguida às indagações aflitivas de Pedro e João, eis o Mestre, num gesto de delator vingativo, responde: "É aquele a quem eu der o pão molhado". E tendo molhado o pão, deu-o a Judas, filho de Simão Iscariotes. E a narrativa acrescenta: "E atrás do bocado de pão entrou em Judas o Satanaz".

Em tal acontecimento tão comprometedor, faltaria ao Mestre, sempre gentil e benevolente, até o resquício de piedade comum das criaturas de reativa formação moral, pois Ele teria acusado o seu discípulo em público, por um ato abjeto de que apenas tinha pressentimento.

Mateus, cap. XXVI, vs. 21-25, não descreve a cena do pão molhado entregue a Judas, mas ainda é mais chocante contra a linhagem angélica do Mestre, pondo-lhe nos lábios as seguintes palavras acusatórias e de maldição: "O Filho do Homem vai, certamente, como está escrito dele; mas ai daquele homem por cuja intervenção há de ser entregue o Filho do Homem; melhor fôra a tal homem não haver nascido!". E respondendo Judas, que o traía, disse: "Sou eu, porventura, Mestre?". Disse-lhe Jesus: "Tu o disseste". Ora, no caso, Jesus não só desejaria a Judas um fim trágico e abominável, como ainda o acusaria brutalmente diante dos demais discípulos e companheiros.

Espírito da hierarquia de Jesus não possui duas facetas, não se turba nem se nivela ao conteúdo efervescente das paixões humanas, nem é vítima do descontrole das emoções. Jesus não desejava nada do mundo e jamais temeu a morte. Em consequência, não agia nem atuava no mundo material preocupado com respeito à sua pessoa. Pouco lhe importaria que Judas ou qualquer outro discípulo o traísse ou o levasse a qualquer espécie de morte. A sua linhagem espiritual tornava-o sempre acima das atitudes humanas a seu favor ou desfavor, quer se tratasse de seus parentes, amigos, adeptos ou desconhecidos.

Se existem homens inferiores ao Mestre Amado que não se tornam melhores com o "elogio" nem ficam piores com a "censura", o que não seria Jesus diante da fraqueza de um discípulo que já vivia perturbado pelas suas próprias emoções descontroladas e pelos ciúmes infundados.

Quanto aos homens que adjudicaram a si o direito exclusivo e a responsabilidade tremenda de divulgar a vida e a obra de Jesus de Nazaré, já é tempo de virem corajosamente a público extirpar os evangelhos dos equívocos, extremismos, absurdos, melodramas, interpolações e imitações que comprometem, desfiguram e lançam a desconfiança sobre o Mestre Jesus – o Mentor Espiritual da Terra.

"Pai, afasta de mim esse cálice", nunca foi dito por Jesus
(Quem poderia ter ouvido isso, se Ele
estava sozinho no alto do Horto das Oliveiras?)

É óbvio que se isso tivesse ocorrido assim como narram os evangelistas, então **só Jesus poderia ter explicado o acontecimento**, uma vez que João, Tiago e Pedro, que se achavam ali perto, dormiam a sono solto e não poderiam ter ouvido tais palavras. Quanto aos demais apóstolos, achavam-se no celeiro da granja de Gethsemani, ao sopé da Colina das Oliveiras.

Em verdade, a recusa do cálice de amargura, que a tradição religiosa atribui a Jesus, trata-se apenas de um rito iniciático dos velhos ocultistas, com referência à vacilação ou temor de toda alma consciente, quando, no Espaço, se prepara pra envergar o fardo doloroso da vida carnal. O "cálice de amargura" representa o corpo com o sangue da vida humana; é a cruz de carne que liberta o espírito de suas mazelas cármicas no calvário das existêncis planetárias.

Só a pobreza da imaginação humana poderia ajustar as angústias de um anjo como Jesus à versatilidade das emoções do mundo da carne.

Ramatís destaca em outros trechos a óbvia serenidade do Mestre diante da morte física, a sua tranquila certeza e alegria de sentir que seu sacrifício iria garantir o florescimento da mensagem evangélica:

\* \* \*

"Jesus encontrava-se em Betânia, hospedado na casa da família de Ezequiel, quando resolveu consentir em pregar na cidade de Jerusalém.

Através do fenômeno ideoplástico mediúnico, projetaram-se em sua mente alguns dos quadros dolorosos que mais tarde viveria em Jerusalém. **A perspectiva do sacrifício de sua própria vida, como o preço implacável para a sobrevivência imaculada da mensagem evangélica, inundou-o de júbilo e despertou-lhe a mais sublime euforia espiritual.**

Cabia-lhe "viver" e ao mesmo tempo "morrer" pelos princípios que viera pregar aos homens, a fim de cimentá-los para a posteridade por meio da renúncia de sua vida e o destemor da morte."

\* \* \*

"Jesus ouviu as trágicas notícias de José de Arimatéia e Nicodemus, e agradeceu pelo seu afetuoso interesse. Sem demonstrar qualquer pesar ou ressentimento por aqueles que O queriam matar, exclamou numa voz terna e de compreensivo perdão:

"Obrigado, amigos meus! **Não temo a morte, nem como ela me venha;** porque vejo que passarão os homens, mas as minhas palavras permanecerão. É preciso que o filho do homem dê o sangue pela salvação do próprio homem; que a submissão à morte seja o preço e a força da própria vida, pois a luz do espírito ilumina a sombra do corpo. Minha hora é chegada pela vontade do Pai que está nos Céus; mas não se fará pela obstinação dos homens."[1]

Só a inconsciência dos homens a respeito da verdadeira natureza do Divino Mestre, mais a projeção da humana covardia diante da morte, podem explicar que tenham atribuído a Jesus a suposta vacilação daquela frase que, além de tudo, ninguém poderia ter registrado. A ignorância humana aceitou e perpetuou séculos afora essa interpolação sem nexo nos evangelhos, sem parar para refletir o quanto é absurda e desairosa.

---

[1] Todo o relato dos últimos dias de Jesus em Jerusalém, hospedado com os discípulos numa granja de amigos junto ao Horto das Oliveiras, e os últimos encontros e diálogos do Mestre com amigos e apóstolos, não constam dos evangelhos. Ramatís pôde reproduzi-los a partir dos registros fiéis do *Akasha*, nos capítulos XXVIII e XXIX de *O Sublime Peregrino*. Fazem parte da história desconhecida da vida do Mestre, que Ramatís foi o único até agora a resgatar. (Nota do organizador).

O "beijo de Judas" nunca aconteceu
(Não era necessário. Trata-se de uma cena de
efeito claramente interpolada nos evangelhos.
O que Judas tinha de fazer, já o fizera de longe)

Judas havia desaparecido desde as primeiras horas da manhã de quinta-feira, e ninguém mais o viu, causando estranheza o fato de Ele vagar por toda a cidade sem qualquer impedimento, embora alegasse que ninguém o reconhecia como discípulo de Jesus.

**Judas não retornou mais para o Gethsemani, nem teve coragem de enfrentar o seu Mestre**, pois já havia concorrido para a sua prisão, embora a sua famigerada traição não tenha se sucedido conforme narram os evangelistas.

A prova mais evidente de que Judas não premeditou a sua traição a Jesus, tendo sido vítima das circunstâncias adversas criadas pela sua imprudência, está no fato de ele não ter resistido mais de três dias ao seu pavoroso remorso e terminado por enforcar-se. Uma alma vil, daninha e maldosa, que agisse por pura ambição, ciúme ou vingança, também seria suficientemente insensível para continuar a viver depois da sua traição. Ele traiu o seu querido Mestre por medo, estupidez, ignorância e ingenuidade, além do seu infeliz equívoco de adorar os poderosos e confiar nos velhacos.

Judas entrou no drama do Calvário como um coadjuvante – na verdade, uma peça ocasional e menor. Sua traição não precisaria ter ocorrido para que se consumasse o projeto aceito e programado pelo Divino Mestre, de que ele participou em plena consciência. A maldade dos homens, corporificada no sacerdócio cúpido e ambicioso de Jerusalém, buscaria de qualquer forma o meio de levá-lo à morte. Como esse desenlace estava previsto nos planos superiores, com ou sem Judas ou qualquer outro "traidor", acabaria sucedendo.

A tendência humana de constituir um bode expiatório para a catarse das culpas coletivas responde em muito pela instituição do Judas traidor e responsável pela condenação do Mestre. A Igreja Romana, quando se institucionalizou, adotou por muito conveniente esse "polo oposto" do mal que concentraria o ódio dos cristãos. Os "demônios" de execração coletiva são muito úteis psicológica e socialmente para unir as manifestações das massas: "Nós não somos como ele, um miserável traidor do Cristo; somos bons, somos cristãos. Vamos malhar o Judas e nos sentir justificados".

(Pouco importando que fôssemos iguais ou piores do que ele nas relações humanas).

Essa ênfase na culpa focalizada em Judas como o "grande autor" do martírio de Jesus poderia ter mais um componente, jamais levantado. Admitir que a execução do Mestre foi – o que é a verdade – construída inteiramente pelos sacerdotes do Sinédrio, Hanas e Caifaz à frente, para proteger seus privilégios clericais que viam ameaçados pela pregação do Nazareno, devia trazer forte desconforto ao clero nascente da Igreja Romana, que em realidade só fez repetir a dominação das consciências, os privilégios, a exploração dos tributos e o poder político habilmente exercido que foram apanágio – ai de nós! – de praticamente todas as castas sacerdotais do planeta. O corporativismo aí seria no sentido de não carregar demais as tintas sobre a atitude dos colegas, para não suscitar comparações indesejáveis. Atitude que poderia ser até semiconsciente, instintiva. Pode-se refutar essa tese, afinal filha só da lógica e da reflexão, mas...

E, a propósito: Judas, depois de um *upgrade* secular na consciência – tal como todos nós – surgiu de novo no palco do mundo como Joana d'Arc, a grande médium que salvou o reino da França e foi queimada pela mesma Igreja que posteriormente a transformou em santa.[1] Quem diria que Judas pudesse frequentar um dia o hagiológico católico... (A Lei Cármica não deixa de ter um sutilíssimo senso de humor...).

E, por último, mas não menos importante: há uma mensagem de autor espiritual sério (Irmão X? Emmanuel? Enfim...) narrando que Jesus, após o desenlace no Calvário, em vez de conectar-se de imediato com os Planos de Luz e protelando o abraço dos anjos, desceu, sozinho e impressentido, às sombras do Umbral – foi em busca de Judas...

Este é o Mestre que amamos, não o que fizeram Dele as letras espúrias e a inconsciência humana.

---

[1] No capítulo XXIX de *O Sublime Peregrino*, Ramatís narra com pormenores como se deu a traição de Judas, seu interrogatório pelos membros do Sinédrio, suas reações íntimas e o cerco maquiavélico a que sucumbiu, depois de entrar no jogo dos sacerdotes. Nenhum texto conhecido nos traz essas cenas reais e que modificam o perfil clássico de Judas, restabelecendo a verdade histórica. É só conferir nos registros akhásicos. (Nota do organizador).

# Não foram os soldados romanos que escarneceram de Jesus[*]

(*) Capítulo XXVII do Evangelho de Mateus:

27 – E logo os soldados do governador, conduzindo Jesus ao Pretório, reuniram junto dele toda a corte.
28 – E despindo-o, o cobriram com uma capa de escarlata;
29 – E, tecendo uma coroa de espinhos, puseram-lha na cabeça, e em sua mão direita uma cana;e ajoelhando diante dele, o escarneciam, dizendo: Salva, Rei dos judeus.
30 – E, cuspindo nele, tiraram-lhe a cana, e batiam-lhe com ela na cabeça.
31 – E, depois de o haverem escarnecido, tiraram-lhe a capa, vestiram-lhe as suas vestes e o levaram para ser crucificado.

Realmente, ocorreram algumas cenas degradantes contra o Mestre Jesus no pátio da prisão romana, mas não se ajustam à descrição melodramática dos evangelhos.

Os legionários romanos, como prepostos de Pôncio Pilatos, eram produtos de férrea disciplina de três anos de trabalho consecutivos e preparo guerreiro; homens corajosos, altivos e decididos, embora rudes e impiedosos. No entanto, jamais desciam ao espetáculo circense de cuspir e esbofetear os prisioneiros, pois mantinham certo decoro nos seus atos e tudo faziam para não manchar a sua dignidade de "homens superiores".

Quando Jesus foi recolhido ao pátio da prisão, situada a poucos passos do Pretório, diversos simpatizantes e amigos o seguiram; os mais sensíveis choravam por vê-lo preso e outros lançavam seus protestos contra o crime de condenarem o generoso rabino que só pregava o amor e a paz. Mas a turba de mercenários, contratada pelo Sinédrio e acicatada pelos acólitos de Caifás, impedia propositadamente qualquer manifestação de simpatia ao prisioneiro Jesus, que ainda não havia perdido a estima do seu povo. Mas Ele não foi humilhado pelos legionários do governador, conforme diz Mateus (XXVII:27-31), sofrendo toda sorte de zombarias, insultos, escárnio e maus-tratos.

**Isso aconteceu por parte da criadagem ínfima, de alguns servos e escravos da comitiva de Pilatos**, e que, por ser hora de refeições, ali descansavam e eram vezeiros em tais empreendimentos sarcásticos. Infelizmente, a maioria se compunha de hebreus mercenários, desses apátridas que buscam prestígio ante os seus próprios donos ou capatazes, embora tenham de tripudiar vilmente sobre os seus próprios patrícios.

Alguém apanhou um pedaço de pano vermelho, que ali servia para os soldados jogarem dados, e o colocou nos ombros de Jesus, enquanto outro lhe punha uma cana entre as mãos, à guisa de um cetro real. Não satisfeitos, ainda arrancaram galhos finos de um pé de vime adjacente e o trançaram na forma de uma coroa, aliás sem espinhos, que puseram sobre a cabeça do Mestre.

Divertiram-se todos durante alguns momentos cruzando à frente do Rabi, fazendo mesuras e saudando-o à conta de um rei. Um mais sarcasta puxou-lhe a barba, obrigando-o a acenar algumas vezes com a cabeça em resposta às suas petições zombeteiras. Os legionários romanos, postados ali perto, riam-se, sem dúvida, talvez sugerindo alguma chalaça. Mas nenhum deles participou daquelas cenas grotescas, coisa que ainda no vosso século costuma acontecer a muitos inocentes vítimas de semelhantes trocistas ignóbeis. Momentos depois, homens e mulheres autores da farsa infeliz desapareceram para atender às suas obrigações, enquanto Jesus ficava a meditar no opróbrio de receber as piores afrontas e crueldades por parte dos seus próprios patrícios, em vez de sofrê-las somente de seus adversários.

Não se pode saber quem alterou ou acrescentou o quê, nos textos do quatro evangelhos escolhidos pela Igreja Romana, diante de todas as inverdades e imprecisões que apresentam em relação à verdade histórica – o que aconteceu mesmo – que só pode ser resgatada agora pela consulta aos arquivos imperecíveis do Akasha. Pode-se fazer ilações.

Embora os atos desse momento, em si, a grosso modo, tenham sido registrados, e estivessem no local, no pátio da prisão, "diversos simpatizantes e amigos", como diz Ramatís, ninguém teria apontado os verdadeiros autores daquela cena de desrespeito ao Mestre? Por quê?

Os evangelistas, com exceção de Lucas, que era grego, eram judeus. Teria sido penoso para eles registrar que seus próprios compatriotas, e ainda por cima gente humilde, servos e escravos – não membros da elite – tivessem abusado do Mestre indefeso? Teria sido preferível atribuir tudo aos odiados romanos?

Ou esse sentimento foi de interpoladores, copistas ou tradutores futuros?

Teria sido o clero romano, no processo de "arrumação" dos evangelhos escolhidos?

Não sabemos, nunca saberemos. O que importa é trazer de volta a verdade dos fatos.

Hebreus, romanos, todos os figurantes daqueles dias e anos da passagem do Mestre pela crosta terrestre já revestiram dezenas de novos figurinos no palco terrestre – muitos dando saltos evolutivos, outros preferindo estacionar. Dos primeiros, quantos trarão ainda na alma a marca cruciante da dor de terem participado de algum modo do sacrifício do Mestre Divino! Talvez tenham sido, *a posteriori*, mártires e humildes apóstolos do Evangelho, felizes de refazer a relação com a mensagem do Nazareno. "Os grandes pecadores dão os grandes santos", diz o sábio aforismo oriental.

## A coroa de espinhos
(Nunca existiu. Só em supostas relíquias e em imagens)

Jesus não foi crucificado com a coroa de espinhos, pois esta foi uma encenação cruel da criadagem e servos de Pilatos, feita na sexta-feira, durante a flagelação. Depois dos sarcasmos e da farsa ridícula a que submeteram Jesus, o ramo de vime que fora usado para a confecção da coroa foi jogado fora como qualquer objeto inútil.

As únicas palavras ditas por Jesus no alto da cruz
(Todas as demais são fictícias)

Do alto da cruz, Jesus circundou seu olhar terno e amoroso sobre as criaturas no cimo do Gólgota. Finalmente identificou Madalena, Salomé e Joana de Kusa; João, Tiago, Marcos, Tiago maior, Pedro, André, Sara e Verônica e Maria. Aquele quadro afetivo satisfez Jesus e o encheu de regozijo. A sua morte e sacrifício não seriam inúteis, pois as almas que escolhera para transmitir as suas ideias à posteridade agora se agrupavam

Mas, de súbito, Jesus foi interrompido no seu devaneio consolador pelos gritos, chalaças e escárnios dos infelizes agentes de Caifás, que antes de se retirarem do Gólgota ainda procuravam arrematar a sua ignomínia com gestos de indiferença selvagem, para agradarem aos seus chefes vingativos. Acossados pelos espíritos das trevas, sarcásticos e despeitados pelo triunfo indiscutível de Jesus, eles desceram à vileza de um humorismo tão negro como suas próprias almas.

– Desce da cruz, ó Filho de Deus! Chama teu Pai para te livrar do suplício! Guarda-me um lugar no teu reino! Para onde fugiram as tuas legiões de anjos? Salva o Rei dos judeus no seu trono da cruz! Desce da cruz, salva-te primeiro e nós seremos teus crentes!

Enquanto riam fazendo gestos de deboche, Jesus pousou-lhes o olhar compassivo e resignado, fitando-os sem ressentimento, inclusive aos soldados que, às vezes, riam das zombarias dos esbirros de Caifás. Imensa ternura invadiu-lhe a alma, vibrando sob o mais puro e elevado amor. Novamente o seu olhar claro e expressivo, repleto de poderoso magnetismo angélico, resplandeceu num fulgor majestoso, envolvendo aqueles seres tenebrosos num banho purificador e balsâmico, que os fez estremecer tocados pelo remorso e os fez silenciar. Após aquela transfusão de luz e amor que tributou aos seus próprios algozes, abrindo-lhes o coração para um entendimento mais feliz da vida espiritual, Jesus ergueu os olhos para o alto e sua voz suave e misericordiosa então se pronunciou, vibrando ditosa no holocausto de sua própria vida:

— Pai, perdoa-lhes, porque eles não sabem o que fazem!

Jesus expirou sem pronunciar qualquer outra palavra, além daquele generoso pedido de perdão ao Pai para seus próprios algozes, enquanto ainda se achava na posse perfeita de sua voz.

Daquele momento em diante, nem os soldados que matavam o tempo jogando dados e bebendo seu vinho vinagroso à sombra improvisada das três cruzes, nem os amigos e discípulos que se encontravam a poucas jardas de Jesus, ouviram-lhe quaisquer palavras além do seu silêncio doloroso e estóico.

O mito do "bom ladrão"

Outros dois condenados também foram crucificados em torno de Jesus, os quais se lamentavam sob os mais lúgubres gemidos na sua dor lancinante, porém não lhe dirigiram a palavra conforme consta nos evangelhos.[1]

Algumas frases das atiradas ao Mestre pelos judeus vendidos a Caifaz, como "Desce da cruz, ó Filho de Deus! Guarda-me um lugar no teu reino!", conforme acima descrito por Ramatís, podem – e com toda evidência, o foram – ter sido interpoladas no relato de Lucas (que só chegou à Palestina muito depois da morte do Mestre, e recolheu suas informações de seus discípulos e amigos), como tendo sido dos dois ladrões crucificados.

Mateus afirma que os dois ladrões repetiram as

---

1 Lucas, 23:
39 – E um dos malfeitores que estavam pendurados blasfemava Dele, dizendo: Se tu és o Cristo, salva-te a ti mesmo e a nós.
40 – Respondendo, porém, o outro, repreendia-o, dizendo: Tu nem ainda temes a Deus, estando na mesma condenação?
41 – E nós, na verdade, com justiça, porque recebemos o que os nossos feitos mereciam; mas este nenhum mal fez.
42 – E disse a Jesus: Senhor, lembra-te de mim, quando entrares no teu reino.
43 – E disse-lhe Jesus: Em verdade te digo que hoje estarás comigo no Paraíso.

injúrias lançadas a Jesus – nesse caso, o "mau ladrão"- conferiria com o registro de Lucas. Nenhuma referência ao "bom ladrão".

Marcos apenas diz que foram crucificados com Ele dois salteadores; João sequer menciona o fato.

Temos, pois, o mito do "bom ladrão" baseado apenas nesse relato de Lucas, que necessariamente era de segunda mão; e poderia ter resultado da confusão com as palavras dos sequazes de Caifás.

É importante lembrar um aspecto fundamental: as mulheres, os amigos e alguns apóstolos de Jesus que se encontravam no Gólgota viviam momentos de dor e desespero. Além da morte e da perda do querido amigo, sofriam pela sua tortura e pelo temor de que pudesse permanecer vivo na cruz durante um ou mais dias, conforme era comum acontecer, naquele suplício atroz. As recordações posteriores dos pormenores, como o que Ele teria dito, sofreriam necessariamente de alguma imprecisão.

Aliás, dentre o evangelistas, Ramatís só registra ao pé da cruz a presença de Marcos e João. Mateus não estava, e Lucas evidentemente não. Ou seja: das testemunhas oculares, Marcos e João, nenhuma menciona diálogos dos dois ladrões e muito menos a figura do "bom ladrão", conforme se convencionou apelidar um deles.

Ramatís, e os registros verazes do fato, não deixam dúvidas: nunca houve o diálogo que alguém interpolou em algum momento, criando o mito do "bom ladrão".

# O pedido a João para que cuidasse de Maria, Sua mãe
(Não ocorreu no alto da cruz)

Jesus e os apóstolos, após a chegada a Jerusalém no domingo anterior à Páscoa, e a confusão resultante (veja na obra), ficaram hospedados, informa Ramatís, "com a família de Jeziel, dono de uma granja ao sopé do Horto das Oliveiras".

Na noite de quarta-feira, para a qual Jesus antecipou a ceia que tradicionalmente se fazia na sexta, véspera do sábado da Páscoa judaica (pois aguardava a sua prisão a qualquer momento), aconteceu também a cerimônia do "lava-pés", já mencionada. A seguir, conta Ramatís:

Jesus encerrou a cerimônia tocante do "lava-pés" e achegando-se a João, enternecido, fez-lhe amena rogativa:

— João! Minha mãe é tua mãe, porque somos irmãos perante o Senhor. Na minha falta, sê tu o seu filho!

Esse pedido de Jesus a João (espírito fidelíssimo ao Mestre desde remoto passado, e que no futuro viria a ser Francisco de Assis) foi deslocado do cenário onde realmente ocorreu, e aparece no Evangelho de João como se feito por Jesus do alto da cruz:

> João, cap. XIX:
> 25 – E junto à cruz de Jesus estava sua mãe, e a irmã de sua mãe, Maria de Cleofas, e Maria Madalena.
> 26 – Ora Jesus, vendo ali sua mãe, e que o discípulo a quem Ele amava estava presente, disse a sua mãe: Mulher, eis aí o teu filho.
> 27 – Depois disse ao discípulo: Eis aí tua mãe. E desde aquela hora o discípulo a recebeu em sua casa.

O único dos quatro evangelistas que registra o fato é João – claro, a lembrança da fala do Mestre lhe era especial. Por que teria sido deslocada da ocasião da "santa ceia", onde ocorreu, e colocada nos lábios do Mestre no alto da cruz? João, com toda a probabilidade, não teria feito isso – até porque no ato da crucificação estava como em estado de choque, conforme relata Ramatís. E sabemos que o Rabi não proferiu outras palavras na cruz senão o augusto pedido de perdão a Deus pelos seus algozes.

Alguém, um dia, teria achado mais cênico ou emocionante colocar essa entrega de sua mãe aos cuidados filiais de João, nos instantes finais do Mestre.

E, porque não estivessem lá nem soubessem avaliar a condição de um crucificado, interpoladores pretenderam teatralizar a cena do Calvário com falas dramáticas de Jesus que nunca ocorreram. Ou não ali, como é o caso desta. Transpuseram-na sem cerimônia.

Fato sem maior gravidade em si mesmo, serve contudo para ilustrar a facilidade com que relatos dos evangelistas eram mexidos ao arbítrio dos detentores do poder.

## Jesus bradando na cruz em alta vozes

Para constatarmos o quanto são fictícias as interpolações dos evangelhos nas palavras atribuídas a Jesus, contrariando por vezes a lógica elementar, veja-se o que fantasiaram sobre Ele no alto da cruz.

Jesus iniciou a subida ao Calvário quase ao meio-dia, que seria a hora sexta da época; e expirou por volta das três da tarde, que seria a hora nona. Da descrição pormenorizada da Ramatís, consideremos:

Era quase meio-dia quando Jesus foi custodiado por um grupo de soldados romanos, iniciando a sua trágica jornada a caminho do Calvário, saindo pela porta de Damasco (...) o trajeto da porta de Damasco até o cimo do Calvário foi percorrido em dezesseis minutos. Jesus mal podia respirar; o seu corpo tremia sob a temperatura febril e o suor empapava-lhe o rosto, vertendo sob as vestes amarfanhadas e manchadas de sangue da flagelação.

(...)
O Sol dardejava raios escaldantes sobre o dorso

desnudo do Amado Mestre; o suor brotava-lhe do rosto em grossas bagas e o obrigava a fechar os olhos, aumentando-lhe a tortura. Ele estava esmagado pela dor mais cruel; o corpo tenso, sem poder efetuar qualquer movimento sedativo, o excesso de sangue nas artérias e os vasos sanguíneos comprimidos faziam doer-lhe atrozmente a cabeça. As feridas dos pés e das mãos sangravam já empastadas, em parte, pela coagulação. O suplício da cruz era de espantosa atrocidade, pois a posição incômoda do crucificado produzia, pouco a pouco, uma rigidez espasmódica pela obstrução progressiva da circulação; o alívio impossível e a sede insaciável. A angústia crescente e o menor esforço provocava dores lancinantes; o sangue da aorta aflui mais para a cabeça e concentra-se no estômago na crucificação, pois o corpo do condenado fica muito tenso e pende para a frente. Poucas horas depois, processa-se também a rigidez da garganta e a atrofia das cordas vocais, o que sufoca a voz, **impedindo o crucificado de falar**, salvo alguns estertores e sons inarticulados. Por isso, Jesus expirou sem pronunciar qualquer outra palavra, além daquele generoso pedido de perdão ao Pai para seus próprios algozes, quando ainda se achava na posse perfeita de sua voz. Como era criatura de contextura carnal mais apurada, Ele sentiu mais cedo os terríveis efeitos paralisantes e penosos do suplício da cruz. Enquanto os outros dois crucificados emitiam verdadeiros grunhidos de dor e desespero, o Mestre Amado curtia a sua desdita em silêncio e resignadamente; sua vida só se manifestava pelo arfar célere dos pulmões.

Pois mesmo assim alguém resolve enxertar falas impossíveis, que teriam ocorrido já quase no momento do desencarne do Mestre, à hora nona ou três da tarde, quando os últimos filetes de vitalidade mal o sustinham na matéria e nenhuma voz articulada seria possível.

> Mateus (que não estava presente!) registra no capítulo XXVII:
> 46 – E perto da hora nona exclamou Jesus em alta voz, dizendo: ....
> E adiante:
> 50 – E Jesus, clamando outra vez com grande voz, rendeu o espírito.
> Marcos, cap.XV, 34 e 37, fala em "exclamou com grande voz" e "dando um grande brado".

Já Lucas (também ausente!), no cap. 23, registra:

46 – E clamando Jesus com grande voz, disse: "Pai, nas tuas mãos entrego o meu espírito. E havendo dito isto, expirou".

Em João, consta simplesmente que Ele teria dito: "Está consumado – e expirou".

Se a reação fisiológica, apontada por Ramatís, é de impossibilidade de fala, e além disso a debilidade extrema se instalara no corpo do Mestre, como iria Ele "clamar em alta voz", isto é, gritando (Ele que jamais ergueu a voz no curso de sua vida), e mais de uma vez, já quase no momento de seu desencarne?

Ressalta desses enxertos exógenos à verdade da crucificação o quanto os interpoladores quiseram "retocar a cena", dramatizando-a com exclamações algo teatralizadas.

Imagine-se Jesus, que sempre contatou em prece no fundo da alma o Cristo Planetário, tendo que "avisar" a este, em altos brados, que iria "entregar-lhe o espírito" – coisa que nem mesmo um de nós faria, no momento solene do desencarne, quando se busca pela via interna do espírito o contato com o Divino! Tudo isso soa como falas teatrais apostas ao silencioso drama que se desenrolou no alto da cruz.

"Meu Deus, meu Deus, por que me desamparaste?"
(É sério candidato a maior absurdo,
entre todas as frases que Jesus nunca proferiu)

Ramatís é explícito quanto à cena do Calvário, como já citado:

Jesus expirou sem pronunciar qualquer outra palavra, além daquele generoso pedido de perdão ao Pai para seus próprios algozes.

Daquele momento em diante, nem os soldados nem os amigos e discípulos ouviram-lhe quaisquer palavras.

Portanto, temos certeza de que não passa de um adendo infeliz a expressão atribuída – quanto desconhecimento! – ao Divino Rabi, como no texto de Mateus, cap. 27:

46 – E perto da hora nona exclamou Jesus em alta voz, dizendo: *Eli, Eli, lama sabactani*; isto é, Deus meu, Deus meu, por que me desamparaste?

Marcos repete esse passo (O Evangelho de Marcos é tido em geral como cópia resumida do de Mateus); já em Lucas e João a frase não aparece.

Por que não teria João, que estava o tempo todo ali, ao pé da cruz, registrado palavras tão sérias do Mestre, enquanto Mateus, que NÃO estava presente, as incorporaria? Carece de lógica.

Ressalta nítido o fato de que os interpoladores – desonestos e inconsequentes interpoladores que deturparam os evangelhos – não tinham a mais remota ideia da dimensão da alma do Mestre, e muito menos – óbvio! – de sua relação com o Logos Planetário, o Cristo, a quem chamava de Pai ("Eu e o Pai somos um", "A ninguém chameis mestre, porque um só é vosso mestre, que é o Cristo", deixando nítida a distinção entre Ele e o Cristo, de quem foi o medianeiro). Tampouco do que significava o martírio do Messias, por Ele planejado antes de sua descida e aceito em plena consciência quando na vida física.

Jesus, perfazendo toda a via sacrificial de sua descida ao plano da matéria, aprisionando-se num corpo físico exíguo e letárgico, o fez para tornar-se o porta-voz do Cristo. Ramatís salienta:

**O seu sacrifício máximo não decorreu das dores físicas que ele teria de suportar no ato de sua crucificação.** O seu holocausto mais acerbo consistiu na sua luta de abaixamento vibratório no sentido de ajustar-se à matéria densa do mundo inferior, em atrito com as vibrações morais do seu padrão angélico. Semelhante descida foi um calvário de angústias que se prolongaram durante mais de um milênio do vosso calendário. Infelizmente, as limitações de vossa sensibilidade moral ainda não vos permitem avaliar a renúncia espiritual de Jesus, decidindo abandonar o seu paraíso celestial para descer aos charcos de um mundo animalizado.

Portanto, seria incoerente imaginar-se um Jesus lamentando as dores físicas da cruz, julgando-se "desamparado pelo Pai" quando estava em vias de libertar-se, podendo retornar a seu plano feliz, abrindo as portas da prisão na matéria. Só o excessivo apego ao corpo físico que caracteriza as almas ainda primárias, pode explicar esse suposto "desespero" de Jesus, que teria se sentido desamparado do Alto só porque estava sofrendo a dor física, como se a crucificação fosse um desleixo de Deus, que o esquecera, uma ingratidão do Logos – quando, na verdade, era o coroamento necessário a sua missão, bem conscientizado por Ele! Não foi outro o motivo que o levou a recusar o indulto de Pilatos:

— Nada tenho a defender-me das acusações dos homens, pois eu **cumpro a vontade de meu Pai que está nos Céus! A morte será para mim a coroa de glórias e a salvação de minha obra** para a redenção dos homens.
Pilatos franziu a testa, profundamente surpreendido e, movido por um impulso sincero, assim se expressou:
— Mas eu posso salvar-te a vida, se isso me aprouver! Que pretendes, enfim?
— Recusar a vida que me ofereces, pois isso seria deserção e covardia; só a minha morte não desmentirá aquilo que o Senhor transmitiu por mim aos homens!
(*O Sublime Peregrino*, cap. 30)

Esse Jesus plenamente consciente do que viera fazer e de como o Pai o guiaria para transmitir a mensagem cósmica do Evangelho e deixar, no alto da cruz, gravada na memória dos homens sua imagem inspiradora, com o selo do martírio, que Ele reconhecia imprescindível – esse Jesus do qual Ramatís afirma que "O passado e o futuro não tinham limites na sua mente poderosa e genial", com a consciência clara do Anjo a presidir-lhe os atos, poderia jamais ter proferido esse lamento incompreensível de quem desconhecesse a realidade da vida e do Cosmo?

Nem Sócrates, nem Joana d'Arc, nem João Huss ou Giordano Bruno, assim como outros espíritos lúcidos e conscientes da realidade espiritual, jamais reclamaram da divindade ou se acharam "desamparados" dela por terem sido sacrificados pela incompreensão dos homens. Tampouco os mártires cristãos, nos circos de Roma, se acreditavam esquecidos de Deus por terem merecido o sacrifício, tão somente por seguirem a doutrina do manso e humilde Rabi da Galileia! Nunca reclamaram do Mestre que os teria também "abandonado", permitindo-lhes a morte e a tortura quando os poderia ter protegido de mil formas. Não, aqueles que sabem a que vieram, são os que têm a alma mais lúcida e tranquila na hora do cumprimento de seu projeto de vida.

Como então poderíamos admitir que Jesus, exatamente o maior de todos os enviados do Cristo Planetário, poderia ter um lapso de esquecimento ou considerar-se "desamparado" pelo Pai, quando até o espiritualista mais singelo, porém amadurecido em espírito, sabe que isso jamais ocorre com ninguém no seio do Cosmo?!

É tão absurdo e destoante esse pretenso queixume de Jesus no alto da cruz, que custa a crer tenham os cristãos aceito como verídica essa interpolação nos dois evangelhos – Mateus e Marcos – sem refletir sobre a incongruência que isso representa, à luz de todas as atitudes expressas pelo Mestre. Quanto mais os espíritas, espiritualistas e esotéricos, que melhor podem avaliar o quilate sideral e a lucidez de um espírito como o de Jesus, senhor de uma compreensão inigualável – afirma Ramatís que:

"O mestre Jesus foi, indiscutivelmente, a entidade da mais alta estirpe sideral que já desceu ao vosso orbe".

Existe uma espécie de sacralização compreensível que cerca o texto dos quatro evangelhos canônicos – aqueles que foram reconhecidos como os "aceitáveis" pela Igreja Católica, nada mais. Contestar-lhes a letra, apontar incongruências e ficções, desperta receio nos espíritos secularmente habituados a venerar a letra das escrituras como a própria "palavra de Deus", quase como escrita por Sua própria mão. As religiões católica e protestantes se encarregaram de estratificar na alma da humanidade essa crença de que os textos bíblicos são sagrados, inamovíveis, e portanto é uma heresia contestá-los, mesmo confrontando-os com a simples lógica.

As deformações, enxertos e podas sofridos pelos quatro evangelhos nunca são considerados, como se não tivessem ocorrido. Basta imaginar quantas referências à reencarnação deviam constar dos textos originais, e devem ter sido expurgadas no "pente fino" que os bispos da Igreja iniciante teriam de fazer, quando o Concílio de Constantinopla decretou que essa crença era uma heresia (só se preocupariam em condená-la se ela estivesse incomodando e fizesse parte das crenças cristãs originais).

Entretanto, a maioridade espiritual se aproxima da humanidade terrestre, e está na hora de os espíritos mais lúcidos, levados exatamente pelo maior amor e reverência ao Divino Governador do planeta, efetuarem o "saneamento" dos escritos envolvendo a sua pessoa. Trata-se exatamente de retornar ao verdadeiro texto original dos evangelhos, libertando-os do palavreado espúrio que deforma, qual vidro opaco, a autêntica imagem de Jesus, para que Ele possa surgir ao olhar da humanidade com a autêntica limpidez de sua alma sábia e amorosa.

## O Evangelho Segundo o Espiritismo
### ALLAN KARDEC

A dificuldade encontrada pelo leitor para compreender as palavras textuais contidas nos *Evangelhos* é um dos maiores impedimentos à sua massificação entre os adeptos do Espiritismo, que, na maioria das vezes, se utilizam de suas sublimes páginas apenas aleatoriamente, durante as reuniões no lar ou na abertura dos trabalhos mediúnicos, quando na verdade este deveria ser o livro de cabeceira de todo espírita que deseja aprimorar-se moralmente, seja ele aprendiz ou médium tarefeiro. A Espiritualidade almeja e aconselha isto, e foi o que pretendia ao recrutar Allan Kardec para organizar e compilar as mensagens renovadoras da Terceira Revelação.

Tendo sido um educador de larga experiência humanística e filosófica que adotava uma metodologia austera, sem no entanto perder a brandura, Kardec reunia as condições ideais de que se serviram os espíritos superiores para edificar as bases da Doutrina Espírita. No entanto, se reencarnasse nos dias de hoje, é provável que, por sua índole infatigável e criteriosa, desejasse aprimorar ainda mais a obra missionária que disponibilizou para a humanidade, a fim de que ela alcançasse efetivamente o maior número possível de pessoas. Essa é a finalidade desta nova edição de *O Evangelho Segundo o Espiritismo*, cuja clareza, objetividade e simplicidade textuais pretendem aproximar o leitor da mensagem imorredoura de Jesus Cristo, sem distanciá-la de sua originalidade, o que dá a esta versão a legitimidade almejada pelos espíritos.

Sorver destas sublimes páginas é como conversar diretamente com Jesus, o Soberano Preceptor da humanidade, que, mesmo não tendo deixado uma única palavra por escrito, disseminou tão magistralmente as idéias cristãs que é possível assimilar, muitos séculos depois, o seu divino código de conduta moral, tal como Ele o prescreveu. Este é o poder da palavra. Esta é a nossa missão.

## O Sublime Peregrino
RAMATÍS / HERCÍLIO MAES

Esta obra resulta da experiência direta de Ramatís — conhecido filósofo de Alexandria ao tempo de Jesus — que foi à Palestina encontrar pessoalmente o Mestre Nazareno, e posteriormente colheu, nos registros akhásicos, os verdadeiros registros vivos de sua existência no planeta.

Por isso, *O Sublime Peregrino* traz com realismo cinematográfico temas nunca dantes abordados: o nascimento, a infância e o lar do menino Jesus, suas brincadeiras e preferências, sua família e gestação, sua vida quotidiana entre o povo hebreu, o cenário da Galiléia e a influência de seu povo na missão de Jesus. Mas também focaliza como nenhuma outra obra a identidade sideral de Jesus, sua relação com o Cristo Planetário, os aspectos iniciáticos de sua missão, suas relações com os essênios. Revela detalhes inéditos sobre a figura de Maria de Nazaré e sua missão, sua gestação protegida pelas hostes angélicas, e o verdadeiro cenário do nascimento do menino-luz. E traça com riqueza psicológica o verdadeiro e insuspeitado perfil de Maria de Magdala e seu encontro com o Mestre.

Além da abordagem de temas iniciáticos como a descida angélica e a queda angélica, o Grande Plano e o Calendário Sideral, recolhe-se nesta obra a mais autêntica descrição do drama do calvário e dos últimos dias de Jesus.

---

UM JESUS QUE NUNCA EXISTIU
foi confeccionado em impressão digital, em julho de 2023
**Conhecimento Editorial Ltda**
(19) 3451-5440 — conhecimento@edconhecimento.com.br
Impresso em Luxcream 80g. – StoraEnso